Aloys Blumauer

Virgils Aeneis, travestirt von Blumauer

Aloys Blumauer

Virgils Aeneis, travestirt von Blumauer

ISBN/EAN: 9783744672733

Hergestellt in Europa, USA, Kanada, Australien, Japan

Cover: Foto ©ninafisch / pixelio.de

Weitere Bücher finden Sie auf **www.hansebooks.com**

Virgils Aeneis

travestirt

von

Blumauer.

Erster Band.

Wien, bey Rudolph Gräffer. 1784.

Pränumeranten-Verzeichniß.

Ihro königl. Hoheit Mariana Erzherzoginn von Oesterreich, ꝛc. ꝛc. 3 Exempl.

Brün 20 Exempl.

Herr Ferdinand Englisch, d. R. D. Fr. Baronesse v. Freyenfels. Hr. Joh. W. Hanke, erster Bibliothekkustos. Hr. v. Schröter. Hr. Graf v. Waffenberg. Hr. Wagner. 14 Ungenannte.

Dresden 20 Exempl.

Hr. v. Alvensleben. Hr. Professor Becker. Fr. Hofräthinn von Clauder. Hr. geh. Rath ü. Ferber. Hr. Hug. Haunold. Frherr. von Metzburg, k. k. Geschäftsträger. Frherr. von Oxenstierna, k. schwedischer Gesandter. Frherr. v. Völkersahm, wirkl. geh. Rath.

Düsseldorf 3 Exempl.

Frau Gräfinn von Spee, geb. v. Hompesch, 3 Exempl.

Eichstädt 10 Exempl.

Hr. Barth, Hofkammersekretär. Hr. Graf Stahremberg, Domicellar, 8 Ungenannte.

Erfurth 1 Exempl.

Freyherr v. Dalberg, churfürstl. Maynzischer Statthalter.

Freyburg 4 Exempl.

Hr. Dannenmayr, Profes. der Kirchengeschichte. Hr. Joh. Fölsch, Prof. des Staatsrechts. Hr. Prof. Jellens. Hr Regierungsadvokat Steinherr.

Grätz 15 Exempl.

P. Aloys Arbesser. Hr. Leop. Biwald, Prof. der Physik. Hr. Förstel, Buchhändler, 10 Exempl. P. Abundus Gundschack. Hr. Jos. Eust. Könia., d. R. D. Hr. Joh. Nep. Neuhold, d. R. D.

Herrmannstadt 5 Exempl.

Hr. Graf v. Bethlen, k. k. Gubernialrath. Frherr. v. Puccow, 2 Exempl. Hr. v. Martini, k. k. Postverwalter.

Innsbruck 27 Exempl.

Freyherr von Ceschi, k. k. Gubernialrath. Frhrr. v. Conforti, k. k. Gubernialrath. Hr. Franz v. Gaßler, k. k. Archivar. Hr. Gr. v. Guarienti, k. Rittmeister. Se. Exzellenz Hr. Gr. v. Heister, D. De. Gouverneur v. Tyrol, Exempl. Se. Exzellenz Hr. Vicerräsident Gr. Leopold von Finial. Fr. Aloys Gr. von Kuen. Hr. Felix Gr. v. Kuen, k. k. Gubernialrath. Hr. Doktor Puzenberger. Hr. v. Malern, k. k. Kriegskoncipist. Hr. Max. v.

Ponti=

Pontifeser, k. k. Gubernialsekretär. Hr. Joh. Popp, Pfarrer in Mils. Hr. Mich. Riß, Gubernialingrossist. Hr. Felix Gr. v. Sarentheim, k. k. Kämmerer. Hr. Ant. Gr. v. Selb, k. k. Regierungsrath, 2 Exemplar. Hr. Math. Schöpfer, Hofapotheker. Hr. Prof. und Bibliothekar Karl Schwarzl. Se. Erzellenz Hr. Obristpostmeister Gr. Joseph v. Taxis. Hr. Erbpostmeister Gr. Thadäus v. Taxis, 2 Exempl. Hr. Ignaz Gr. v. Tannenberg. k. k. Kämmerer. Hr. Villot. Hr. Vittoretti, Kaufmann. Frh. Philipp Waltheser, k. k. Oberlieut. Se. Erzellenz Graf Paris v. Wolkenstein Trostburg.

Klagenfurt 15 Exempl.

Ihre Erzellenz Fr. Gräfinn v. Aichholt. Hr. Graf von Chrystallnigg, k. k. Kämmerer. Se. Hochw. Anselm. Edling, Abt zu St. Paul in Kärnthen. Abbe Edling Direktor des Priesterhauses. Freyherr v. Egger. Se. Erzellenz Gr. v. Enzenberg, k. k. Kämmerer und Obristhofmeister-Amtsvertreter und Vicepräsident bey dem k. k. Appellationsgerichte in Innerösterreich, 2 Exempl. Gottlieb Freyherr v. Kulmer. Hr. Karl v. Ployer, k. k. Oberbergrichter in Kärnthen. Philippine Freyinn v. Rehbach. Frherr. v. Schlangenberg, k. k. Kreishauptmann. Se. fürstl. Gnaden Graf v. Schrottenbach, Fürst-Bischof zu Lavant.

Lautern 6 Exempl.

Hr. Fried. Gervinus, Administrationsrath. Hr. Ludw. Sienanth. Frau v. Laroche. Hr. Gr. v. Portia. Hr. Fr. Lor. Abbel, Advokat und Syndikus der Kameralschule. Hr. Reichsfreyherr v. Rotenhan.

Lemberg 15 Exempl.

Hr. v. Clemens, k. k. Kreiskommissär zu Sokal im Belzerkreise. Hr. Gr. Gallenberg, k. k. Gubernialrath. Freyherr von Halama, k. k. Kreiskommissär. Hr. v. Kortum, k. k. Gubernialrath. Hr. v. Montag, k. k. Appellationsrath. Hr. Gr. v. Odonel, k. k. Kämmerer und Gubernialrath. Freyherr v. Podmanitzky, k. k. Gubernialsekretär. Hr. v. Rieder, k. k. Gubernialsekretär. Hr. v. Schmelz, k. k. Gubernialsekretär. Hr. Gr. Siskowitz, 2 Exempl. 3 Ungenannte.

Linz 7 Exempl.

Hr. Burhard. Die Herrn Eglauer, 3 Exempl. Hr. Rittmeister von Lemenz. Hr. Anton v. Scharf, Profes. der Weltweisheit. Hr. Wisner.

London 1 Exempl.

Hr. Maier, Doktor der Arzneykunde.

Mailand 1 Exempl.

Hr. Kaspar Graf v. Kinigl, k. k. Gubernialrath.

Mau

Manheim 6 Exempl.

Hr. Chr. Schwan, churfürstl. Hofkammerrath und Hofbuchhändler, 6 Exempl.

Marchburg 6 Exempl.

Hr. Jos. Scip. Sentscher, k. k. Lieut. Hr. v. Siegenfeld, k. k. Oberlieut. Freyherr v. Ulm, k. k. Hauptmann. Chr. Frhrr v. Schwitzen, k. k. Rath und Kreiskommissär. Hr. E. v. Catharie. Hr. Fr. Mayer, Bataillonschirurgus.

München 33 Exempl.

Hr. Fr. Albert. Hr. v. Baader, churfürstl. Hofr. und Prof. der Naturgeschichte. Freyherr. v. Binder. Hr. Pfarrer Bucher. Frherr. v. Ecker. Hr. v. Emmerich. Se. Erzellenz Graf v. Halmhausen. Se. Erzellenz Graf v. Haslang. Hr. Postsekretär Hepp. Hr. Musikdirektor Kannabich. Hr. v. Kennedy, geistl. Rath. Hr. Kaufmann Kleer. Hr. Kanonikus Kollmann. Hr. Lanz. Hr. Lautner, Kammerdiener bey Ihro Durchl. der Frau Herzoginn. Se. Erzellenz Freyherr v. Leich. Se. Erzellenz Frherr. v. Lerchenfeld Siesbach. Hr. Losarre. Hr. v. Merz. Frherr v. Monigelas. Se. Erzellenz Graf v. Preysing. Hr. Ludw. Beno v. Reindl, Stadtkämmerer. Hr. Sekret. Rottmanner. Se. Erzellenz Graf v. Salern. Hr. Graf v. Savioli. Hr. Pfarrer Scherer. Hr. G. E. Schuh, Kaufmann. Se. Erzellenz Graf v. Seinsheim. Hr. Socher, Hr. Graf v. Spauer. Se. Erzellenz Graf v.

Ibrring Gronsfeld. Se. Exzellenz Graf v. Zech. Hr. Fiskal Zwack.

Wienerisch-Neustadt 9 Exempl.

Hr. Jos. Frherr v. Born., Hauptmann in der k. k. Militärakademie, 2 Exempl. Hr. Jos. v. Bossi, k. k. Bankal-Inspektorats-Adjunkt. Hr. Ferd. v. Eyersperg. Hr. Franz Xav. v. Eyersperg, Kanonikus. Hr. Erasm·Gritner. Hr. Ant. Grolzhamer. Frherr v. Nagel, k. k. Hauptmann von Teutschmeister. Hr. Jos. Tomatitsch.

Nürnberg 5 Exempl.

Hr. geh. Rath v. Haller. Hr. Rügs-Schreiber Häslein. Hr. Doktor und Advokat König. Hr. Professor Stoy. Frherr Karl v. Welser.

Passau 6 Exempl.

6 Ungenannte.

Prag 21 Exempl.

Hr. Graf Joh. v. Czegka. Hr. Ignaz Elenwanger. Hr. Jos. Frank. Hr. Abbé Gruber, k. k. Baudirektor. Hr. Ignaz Habermann. Hr. v. Hopfenstok, Doktor der Arzneykunde. Hr. Abbé Huber. Hr. Kretschmer. Se. Exzellenz Gr. Lazanzky, Vicepräsident bey dem k. k. Gubernium in Böhmen. Hr. Prof. Mader. Frau v. Prohaska. Hr Ignaz Ritschl. Hr. Prof. Seibt. Hr. Steinsky, Lehrer an der Normalschule. Hr. Gr. Franz

Franz v. Wallis. Hr. Gr. Jof. v. Wallis. Hr. Werner. Hr. Fr. Wild. Hr. Wolf, Prof. der allgem. Geschichte. Hr. Wydra, Prof. der Mathematik. Hr. Zippe. Dechant in Böhmisch = Kamnitz. Die k. k. Universitäts= bibliothek.

Regensburg 1 Exempl.

Hr. Vinz. E. v. Seydel.

Ried in Oesterreich 9 Exempl.

Hr. J. N. Gubatta, k. k. Postmeister. Hr. Simon Haaß. Hr. J. K. Haider. Hr. Joseph Val. Josch, oberösterr. Bankalist, 2 Er. Hr. Sig. v. Moll, k. k. Kreiskommissär. Hr. Vinz. Ruß. Hr. Jof. Ant. v. Steinhauser. Hr. Fr. Strasser, k. k. Postmeister.

Schemnitz in Niederungarn 1 Exempl.

Hr. v. Hoffinger, der A. D. und Kameral= Physikus.

Speyer 13 Exempl.

Frherr. v. Dalberg, Domicellar. Hr. Rektor Hutten, 10 Er. Hr. Petersen, Stadt= konsulent. Hr. Weis.

Straßburg 6 Exempl.

Hr. Hermann, ordentl. Prof. der Welt= weisheit, 6 Exempl.

Trieſt 40 Exempl.

Hr. v. Bremerau. Hr. Graf Fekete, k. k. General=Feldwachtm., 5 Exempl. Hr. Vig. v. Kreutzenberg. Hr. Obermayer, 2 Exempl. Hr. v. Saumil, k. k. Hofr. 30 Ungenannte.

Troppau 1 Exempl.

Frhrr. von Gaſtheim, Rittmeiſter.

Waydhofen an der Yps 5 Exempl.

Hr. Amon, 5 Exempl.

Warſchau 1 Exempl.

Hr. v. Kaulfus.

Wien 353 Exempl.

Hr. Paul. v. Adamowies. Hr. Aigner. Hr. v. Aineth. Hr. v. Alxinger, k. k. Hofag. 2 Er. Hr. v. Alt, Reichshofrathsag. 2 Er. Hr. v. Anſelm, k. k. Hauptmann u. Audit. bey dem Genie=Korps. Hr. v. Anthon, k. k. Hofſekr. in dem geh. Kab. S. M. des Kaiſers. Hr. Joseph Urbeſſer. Hr. Edl. v. Arenſteiner. Hr. Artaria. Hr. v. Bader. Hr. Barth, Profeſ. der Anatomie, u. S. M. des Kaiſers Augenarzt. Hr. Joh. Georg Bauer, k. k. Wundarzt in Eckartsau. Hr. v. Baumann. Hr. Baumgarten, Apoth. Hr. Franz Bedekowies v. Kumur. Hr. Georg Adalb. v. Beckhen, k. k. Truchſes und Gubernialrath. Freyherr v. Bender. Hr. v. Benigni, k. k. Hofag. Hr. Joſ. Berger. Hr. Bayermann.
Hr.

Hr. von Bichler. Frl. Therese von Bienen=
feld. Hr. v. Birkenstock, k. k. Hofr. Hr.
Böking, Prof. der Anatomie in der k. k.
Militärschule. Hr. Jos. von Böhm. Hr. v.
Bolleim. Hr. Ign. E. von Born, k. k.
Hofr. im Münz=urd Bergwesen. Fr. Edle
v. Born, gebohrne v. Montag. Frl. Marie
v. Born. Hr. Fr. E. v. Born, k. k. Landr.
Hr. Branisky. Hr. Brockmann, Mitgl. des
k. k. Nationalth. Hr Brönner, 2 Er. Hr.
v. Bühn, k. k. Hoffekr. Hr. Ludw. Caussa=
de. Se. Erzel. Graf v. Chotek, k. k. böhm.
österr. Hofkanzler. Frl. Julie Baronesse v.
Degelmann. Hr. Diggeld. Hr. Dietrich b.
N. D. Hr. Dollinger. Hr. Donat, Han=
delsm. zu Philadelphia in Nordamerika. Hr.
Donek. Hr. v. Dürfeld, k. k. Hofkriegsr.
Hr. Abbe v. Eckhel, Direkt. des k. k. Me=
dail. Kab. Hr. Ehrenstein, b. A. D. Hr.
Eigner. Hr. Epstein, 2 Er. Hr. Abbe Vik=
tor d'Este. Hr. Abbe Fr. v. Estner. Hr.
Prof. Federl, 2 Exempl. Hr. von Fillenbaum.
Hr. Fleuber. Hr. Karl Julius Friederich.
Se. Exzellenz Phil. Freyherr v. Gebler, k. k.
böhm. österr. Hof=Vicekanzler. Hr. Karl
Chr. Gehring. Hr. Otto Frherr. v. Gemmin=
gen, 3 Exempl. Hr. von Geissenhof. Fr. Karol.
E. v. Greiner. Hr. Erasm. v. Grezmiller
k. Reichhofr. Ag. 11 Exempl. Hr. Joh. v.
Grezmiller, k. k. Raitr. 2 Exempl. Hr. Wer=
ner von Gruber. Hr. Grünwalder k. k. Re=
gierungsr. Hr. Leop. von Haan, k. k. Hofr.
2 Ex. Hr. Jos. v. Habermann, k. k. Hof=
med.

med. Gräfinn Jos. v. Hadik, 2 Er. Hr. Karl Häß. Hr. Karl Haidinger, Adj. im k. k.. Natural. Kab. Hr. v. Hammer. Hr. Jos. Hartl, k. k. Hofag. Hr. Hartmann. Hr. Lor. Leop. Haschka. Hr. Karl Hanth, Prof. der polit. Wiss. bey der k. ungar. und poln. Garde. Hr. v. Heinke, Hr. Christ. v. Hentschel. Hr. Hermann. Hr. Hengel. Hr. Leop. Heisberger. Hr. v. Hinkeltay. 2 Exempl. Hr. v. Hippenmayer. 3 Exempl. Hr. Höldt. Hr. Hof. Hr. Hofmann 3 Exempl. Hr. Holzel. Hr. Jos. v. Holzmeister, k. k. Hofkriegsr. Koncip. Hr. Joh. Wilh. Freyh. v. Hompesch. Hr. Joh. Kasp. Huber. Hr. Huber, Pfarrer zu Sindelburg. Frl. Elis. v. Humelauer. Hr. Joh. Hunczowsky, Prof. der Chirurgie u. Feldstabschirurg. Hr. Karl Jaquet, Mitgl. des k. k. Nationalth. Mlle. Kath. Jaquet. Mitgl. des k. k. Nationalth. Hr. Prof. Jäger. Hr. Max. Jacobi, k. k. Hof= kriegsr. Koncipiss. Hr. v. Jacobi, k. k. Hauptmann. Frherr. v. Ingram, Vizekreis= hauptmann in Tyrol. Hr. Prof. Jordan. 3 Exempl. Hr Johann v. Kallinger. Frhrr. v. Ke= meny. Hr. Jak. Kemper. Hr. Franz Xav. v. Kesaer, öffentl. Lehrer der höhern Mathe= matik. Hr. Jos. Kette. Frau Gräfinn. Jos. Kinsky. Fr. v. Kirchmayer. Hr. Jos. Kiß= ling. Hr. v. Knecht, k. k. Hofsekretär in dem geheimen Kabinet Er. Maj. des Kaisers Herr Koch. Herr Major. v. Köchly. Herr Dominik Siegfried v. Kösil, k. k. Rath und Professor 2 Exemplar. Hr. v. Kohant, k. k.
Hof=

Hofsekretär. Se. Exzell. Gr. Novohradsky v. Kollowrat, Präsident der Hofkammer in Münz= und Bergwesen. Hr. Graf Licoſteinsky v. Kollowrat, k. k. Kämmerer. Fr. Ant. v. Köreſtúry. Hr. Joſ. Kramer. Hr. v. Kraus k. k. Hofkriegsſekretär. Se. Exzell. Freyhr. v. Kreſel, Präſident der k. k. geiſtlichen Hofkommiſſion. Herr v. La Bonte, k Reichshofrath=Agent. Hr. v. Lachner, fürſtl. Paſſauiſcher Konſiſtorialrath. Hr. Fr. v. Lang, k. k. Hofſekretär. Hr. Samuel Lang. Hr. v. La Grange. Hr. v. Langer. Hr. v. Leb= zelter, k. k. Hofſekretär. Hr. Ign. Lehr. Hr. Gottl. Leon. Hr. Gr. v. Lichtenſtein. Hr. Lichtmanegger. Hr. Gr: v. Lignowsky. 2 Ex. Hr. Lindemayer. Fryhrr. v. Linden, k. k. Adminiſtrationsrath. Frau v. Lürwald, geb. Freyin v. Tegelmann. Hr. v. Luz, Groß= händler. Hr. Maag, k. k. Hofjuwelier. Pa= ter Magis. Hr. Landrath v. Mandelly. Hr. v. Margelik, k. k. Hofr. Hr. Doktor Ma= ſtalierz. Hr. Vernh. Samuel v. Matolay. k. Reichshofr. Agent. 3 Ex. Hr. Mattheys. Hr. Ign. v. Matt, k. k. Rath. Hr. Mauch= ter. Frau Baroneſſe v. Mauchard. Hr. Mayer, Apotheker. Hr. Adam Mayer. Hr. Konrad Mayer. Hr. Joſ. Mayer, Prof der Philoſophie. Hr. v. Mayer, k. k. Hofr. Hr. Joſ. Mayer. 2 Ex. Hr. Melzer. Hr. v. Mertens. d. A. Dr. Hr. Karl Metzner. Hr. Karl Michaeler, Kuſtos an der Univer= ſitäs=Bibliothek. Hr. Joſ. Freyhr. v. Mo= ſer. Hr. v. Mühl, Churfürſtl. Hannov. Le=

gationsrath. Hr. Mukusch., k. k. Oberlieut. Hr. Müller, Mitglied des k. k. Nationaltheater. Hr. Paul Nehr, Kaufmann Hr. Neumann. Hr. Karl v. Niebauer. Hr. Niedemayer. Hr. Gr. v. Nimtsch, 3 Er. Se. Erzell. Hr. General Gr. v. Nostitz. Hr. Fr. Xav. v. Orlando, k. Reichshofr. Agent. Hr. Graf Fr. Palfy v. Erdöd. Hr. Fr. Paſſy. 4 Exempl. Hr. Joſ. Paſſy. 4 Er. Hr. Paſtori, k. k. Hoffekr. Hr. Fr. Xav. Pedroſſy. Hr. Mich. Pedroſſy. Hr. v. Pelzel, Aktuar bei der k. k. Hauptmauts = und Bankogefäll. Administration Hr. Joſ. Pez, Kurat bei St. Peter. Hr Pflaum. Hr. Joſ. Pichler, k. k. Hauptmann. Hr. Gottfr. v. Pilgram, fürstl. heſſendarmſt. Ag. Hr. Ign. Pöhm. Hr. v. Pollack. Hr. Joſ. Pöſchl. Hr. P. Poſchinger, Sonntagsprediger aus dem Ord. des heil. Dominik. Hr. J. M. Prandſtetter. Hr. Paul Prenner. Hr. v. Puchberg. Fr. Kath. E. v. Puthon. Hr. Joſ. Quarin, k. k. Rath und Leibmedik. 2 Ex. Frl. Eleon. v. Raab. Hr. Joſ. v. Raab in Konſtantinopel. Hr. Joſ. v. Raag. Hr. J. F. Ratschky, k. k. Hofkoncip. Hr. Dokt. Rechberger, Hr. Reiffenſtein. Hr. Joſ. Reiter, k. k. Hofag. Hr. Joſ. E. v. Reter. Hr. Joſ. Ant. v. Rieger. k. k. Gubernialrath und fürſtl. schwarzenberg. geh. Rath. Hr. Karl Eman. v. Riegger, k. k. Hofag. Hr. Riet. Hr. Roschmann, k. k. geh. Hofarchiv. Hr. v. Rosenthal, k. k. Hoffekr. 5 Exempl. Hr. v. Rottenhauſen. Hr. v. Ruhedorfer. Hr. Vinz. Salzgeber. Hr. Graf

Graf v. Sauer, k. k. Kämmerer und Hofrath
Fr. v. Schaden. Hr. Georg Schelz. Hr.
Schittlersberg, k. k. Hofbuchh. Raitoff. Hr.
Schletter. Hr. v. Schmerling. Hr. Joh. Jak.
Schmidt, Kaufmann. Hr. Joh. W. Schmuck.
Hr. Schoyerer. Hr v. Schwarzer, k. k.
Hofsekr. 5 Ex. Hr. v. Seeder. Hr. Seizer.
Hr. Mich Semeleder. Hr. Ant. E. v. Sey=
del, k. k. Hofkoncipist. Hr. Joh. E. v. Sey=
del. Hr. El. Sivessch, d. R. D. Hr. An=
gelo Solymann. Hr. Jos. v. Sonnenfels,
k. k. Hofr. 4 Ex. Hr. Specht, k. k. Oberst=
wachtm. vom Generalstab. Hr. Ant. E. v.
Spielmann, k. k. Hofr. Fr. Jos. E. v. Spiel=
mann. Hr. Jos. v. Spleny, k. k. ungar.
Hofkammerrath. Hr. Stadler. Hr. Graf
Gundacker Stahremberg. Hr. Fr. Xav. Frhrr.
v. Stegnern. Hr. Steinbeiß. Hr. Joh. Bapt.
v. Steiner. Hr. Stephanie der jüng. Mitglied
des k. k. Nationaltheaters. Hr. v. Stockmayer,
2 Ex. Hr. Max. v. Stoll, d. A. D. Hr.
Paul Strattmann. Hr. Ign. Streer. Hr.
Jos. Strelze. Hr. Stütz, Kanonik. bei St.
Dorothe. 2 Ex. Hr. Suiter. Se. Exzellenz
Gottfr. Frhrr. van Swieten, Präs. der k. k.
Stud. u. Cens. Hofkommiss. wie auch der k. k.
Bibliothek. Hr. Fr. Schwoboda. Hr. v. Taß=
sara, k, k. Konsul in Maroko. Hr. Terpi=
nitz. Hr. Joh. Theod. v. Thonen, k. k.
Staatsr. Koncip. Se. Exzellenz. Hr. Jos. Graf
H. Thun, k. k geheim. Rath. Ih. Exzellenz
Fr. Wilh. Gräfinn v. Thun, geb. Gräfinn v.
Uhlenfeld, 4 Ex. Hr. Dom. Trapl. Fr. v.
Truka.

Truka. Hr. Trummer. Hr. Georg v. Urhain, k. k. Hofag. Frhr. v. Viereck. Hr. Vogel. Fr. Elis. Gräfinn v. Waldstein Wartenberg. Hr. v. Walther, d. h. r. R. Ritter und hochfürstl. Passauisch geh. Rath und Resid. Hr. Fr. v. Weber, k. k. Hofsekretär. Hr. Joh. Weidner. Hr. v. Weinkopf. Hr. Welfeldt, Kaufmann. 2 Ex. Hr. Jos. v. Wernle, k. k. Kommissariatsoffiz. Hr. v. Wiesenthal. Hr. Jos. K. Winkler v. Mohrenfels. Hr. Wiesinger. Hr. Wohlgemuth. Fr Theres. Wollsinn. Hr. Karl Woller, Hof= und Gerichtsadvok. Hr. Prof. Wollstein. Hr. Würth. Hr. Zach von Hartenstein, k. k. Oberst=Hof=Postverwalter. Frl. Anna Zach v. Hartenstein. Hr Fr. Zeiler, Lehrer des Naturrechts an hiesiger Univ. Fr. Elis. v. Zeiler, geb. v. Rhode. Se. Exzell. Graf Karl v. Zinsendorf, Präs. der k. k. Hofrechenkammer. Hr. Graf Prosper Zinsendorf. 30 Ungenannte.

Znaym 1 Exempl.

Hr. Wenger.

NB. Diejenigen Namen der H. H. Pränumeranten, die hier nicht mehr abgedruckt werden konnten, werden im zweyten Band nachgeholt werden.

Erstes Buch.

A

Inhalt.

Wie der fromme Held Aeneas über Meer auf die Fahrt gieng, und von einem Sturm gar unsanft hergenommen, hierauf aber von der Königinn in Libia freundlich aufgenommen, und köstlich bewirthet ward.

Es war einmal ein großer Held,
    Der sich Aeneas nannte:
Aus Troja nahm er's Fersengeld,
    Als man die Stadt verbrannte,
Und reiste fort mit Sack und Pack:
Doch litt er manchen Schabarnak
    Von Jupiters Xantippe.

Was mochte wohl Frau Wunderlich
  So wider ihn empören?
Man glaubt, Göttinnen sollten sich
  Mit Menschen gar nicht scheren:
Doch Göttinn her, und Göttinn hin!
Genug die Himmelsköniginn
  Trug's faustdick hinter'n Ohren.

Der Apfel war's, der sie so sehr
  Seit Paris Zeiten schmerzte,
Und Ganymedes, den ihr Herr
  Auf pädagogisch herzte:
Und da begieng Aeneas gleich
Bey der Geburt den dummen Streich,
  Und war — verwandt mit beiden.

Drum

Drum mußt' er, eh er Wälschland sah,
    Gewaltig viel ertragen;
Bald mußt' er sich in Afrika
    Mit Sturm und Liebe schlagen,
Bald droht' ihm ein Rival den Tod:
Kurzum er hatte Teufelsnoth,
    Den Vatikan zu gründen. (*)

Kaum sah ihn Juno auf dem Meer,
    So sprach sie: „Glück auf Reisen!
Ihr kommt mir eben recht daher:
    Geduld, ich will euch weisen,

(*) Tantæ molis erat, Romanam condere gentem.
                                    L. I. v. 37.

Was eine Königinn vermag,
Die ihres Mannes Hosensack
    Und Donnerkeil regieret.

Sie ließ sich nach Aeolien
    Auf ihrem goldnen Wagen
Bis hin, wo itzt Paris zu sehn,
    Von ihren Pfauen tragen.
Hier hält, wenn er nicht wehen mag,
Aeol in einem grossen Sack
    Die Winde eingesperret.

Die Göttinn war voll Freundlichkeit,
    Und sprach: „Mein lieber Vetter!
Seyd doch so gut, und macht mir heut
    Ein kleines Donnerwetter.
                      Ich

Ich hasse die Trojanerbrut,
Darum, Herr Vetter, seyd so gut,
   Und lehrt die Spatzen schwimmen."

"Zerstreut die Flotte, haust recht toll,
   Jagt sie nach allen Zonen!
Mein schönstes Kammermädchen soll
   Heut Nacht dafür euch lohnen.
Laßt alle Wind' in's Meer hinein,
Und orgelt hübsch mit Donner drein!
   Mein Herr Gemahl soll blitzen." —

"Gestrenge Frau Gebieterinn,
   Ihr habt nur zu befehlen.
Doch will ich euch, wie arm ich bin
   An Winden, nicht verhehlen.

Mein Auster hat die Lungensucht,
Mein Eurus ist nun auf der Flucht,
    Und dient den Zeitungsschreibern. „

„ Mein Nordwind, den wir itzt zum Wehn
    Am besten brauchen könnten,
Ist athemlos: ich lieh ihn den
    Berlinerrezensenten,
Die machten ihn zum Hektikus:
Doch wird ihn bald ihr Ueberfluß
    An Eselmilch kuriren. „

„ Sogar den Zephyr haben mir
    Die Tichter weggenommen:
Allein die Schifferrotte hier
    Soll drum mir nicht entkommen.

                              Gebt

Gebt nur auf euern Kopfputz Acht,
Und dann vergeßt nicht, auf die Nacht
   Mir auch fein Wort zu halten."

●

Aeol eröffnete den Sack:
   Potz Blitz, das war ein Sausen!
So werden bis zum jüngsten Tag
   Die Winde nimmer brausen.
Die einen bliesen Wolken her,
Die andern legten an dem Meer
   Sich auf den Bauch, und bliesen.

Wie siedend Wasser sprudelte
   Das Meer in seinem Kessel,
Und in den Schiffen tummelte
   Sich jeder auf vom Sessel.

Der eine machte Reu' und Leid,
Der andere fluchte, wie ein Heid,
 Der dritte lief an's Ruder.

Die Schiffe flogen her und hin,
 Es brachen Tau und Stangen,
Die ganze Himmelskuppel schien
 Kohlrabenschwarz umhangen.
Aeol vermehrte noch den Graus,
Und putzte 's Licht am Himmel aus:
 Da sah kein Mensch den andern.

Der Sturm erhob sich immer mehr
 Mit jedem Augenblicke:
Die Blitze schnitten kreuz und queer
 Das Firmament in Stücke.

Der Donner gieng ohn' Unterlaß
Bald im Diskant und bald im Baß,
   Der Wind akkompagnirte.

Aeneas schrie und zitterte
   An Händen und an Füssen:
„ O hätt' ich doch, wie andere,
   Zu Haus in's Gras gebissen!
So aber muß ich armer Gauch
Vielleicht in einem Wallfischbauch
   Mein Heldenleben enden. "

„ O wär' ich doch, o Sarpedon!
   Bey dir im Himmel oben,
So wär' ich doch des Sterbens schon
   Auf immer überhoben! "

                    Nachdem

Nachdem er viel solch Zeug geschwätzt,
Verlobt' er noch zu guter Letzt
   Sich heimlich nach Loretto.

Indessen giengs im Sturmgeheul
   Den Schiffern miserabel:
Ein Schiff verlor den Hintertheil,
   Das andere den Schnabel,
Und selbst Aeneens Orlogschiff
Sah man, so wie der Sturmwind pfiff,
   Auf Wogenspitzen tanzen.

Ein Theil der Schiffe scheiterte,
   Und hieng gespießt auf Klippen,
Den anderen zerschmetterte
   Ein Wellenschlag die Rippen.

                             Hier

Hier schwammen Hosen, da ein Rock,
Dort hielt ein Schwimmer einen Block
    Inbrünstig in den Armen.

Indessen hat Neptun, wiewohl
    Sehr spät, den Spuck vernommen:
Er ward darüber teufelstoll,
    Und ließ die Winde kommen.
„Vermaledeytes Lumpenpack!"
Rief er, „ha! diesen Schabernak
    Soll euer Herr mir büssen!"

„Sagt ihm, dem hundertjährigen
    Windbeutel: er soll gehen,
Sonst laß' ich seinem windigen
    Gesind das Maul vernähen.

So wahr ich Engelländer bin,
Ich halte Wort! Nun mögt ihr ziehn —
   Still, Wellen, still! — ihr Schurken!"

Drauf stieg er in's Pierutsch hinein,
   Und ebnete die Wellen: (*)
Bald pflegte sich der Sonnenschein
   Auch wieder einzustellen.
Deß ward Aeneas herzlich froh,
Und gieng in dulci Jubilo
   In Lybien vor Anker.

Die

(*) Atque rotis summas levibus perlabitur un-
das. L. I. v. 151.

Die Helden kamen hier an's Land
    Wie die getauften Mäuse:
Sie machten Feuer an dem Strand,
    Und sahn nach Trank und Speise.
Sie thaten hier, als wie zu Haus:
Sie zogen ihre Hemden aus,
    Und hiengen sie zum Feuer.

Drauf gieng Aeneas in den Wald,
    Und schoß ein Duzend Hasen, (*)
Und dieser Braten füllte bald,
    Mit Wohlgeruch die Nasen.

Kaum

(*) — — — — — tres littore cervos
    Prospicit errantes &c. L. I. v. 188. seq.

Kaum war nun auf dem weichen Gras
Der Tisch zum Mahl gedeckt, so fraß
    Ein Hasenfuß den andern.

Eh noch das Mahl ein Ende nahm,
    Gieng Punsch herum im Kreise,
Und als es zur Gesundheit kam,
    Sang jeder diese Weise:
„ Es lebe Muth und Tapferkeit!
Stoßt an: es lebe, wer sich heut
    Im Meere — todt gesoffen!"

Herr Zevs saß — salva venia —
    So eben frisch und munter
Auf seinem Leibstuhl, und da sah
    Er auf die Welt herunter;

                      Denn

Denn das war so der Augenblick,
An dem er mit der Menschen Glück
　　Sich abzugeben pflegte.

Frau Venus kam, und machte da
　　Dem Donnerer Visite;
Denn da versagte der Papa
　　Ihr niemals eine Bitte. —
„Ach, Herr Papa!" so fieng sie an,
„Was hat mein Sohn euch denn gethan,
　　Daß ihr so sehr ihn hudelt?"

„Er soll, nicht wahr, ich merk' es wohl,
　　Italien nicht finden?
Verspracht ihr mir nicht selbst, er soll
　　Noch Roms Triregnum gründen?

Und weil ihr da des Leibes pflegt,
Geht euer Weibchen her, und neckt
  Mir meinen armen Jungen. „

Der Alte schnitt ein Bocksgesicht, (*)
  Und küßt' ihr sanft die Wange:
„ Mein Kind, bekümmre dich nur nicht,
  Mir ist für ihn nicht bange:
Wird nicht dein Sohn der Urpapa
Der Datarie und Curia,
  So heiß mich einen Schlingel! „

„ Und

(*) Olli subridens &c. L. I. v. 258.

„ Und daß du so gerade hier
  Mich trafst, soll dich nicht reuen;
Ich will auf meinem Dreyfuß dir
  Ein Bischen prophezeyen;
Gieb Acht! — Für's erste baut dein Sohn
In Latium sich einen Thron,
  Und stiftet die Lateiner. „

„ Hierauf kömmt Romulus, und den
  Wird eine Wölfinn saugen,
Drum wird er einen mächtigen
  Instinkt zum Rauben zeigen.
Das wird ein Kerl nach meinem Schlag,
Der schiebt die halbe Welt in Sack,
  Und schenkt sie seinen Römern. „

„ Nach

„ Nach diesem wird ein Reich entstehn,
  Das hat nicht Weib, noch Kinder,
Und dennoch wird die Welt es sehn,
  Es dauert drum nicht minder.
Ja, was noch weit unglaublicher,
Es wird sich, wie das Sternenheer
  Am Firmament, vermehren. „

„ Auch dieß Reich faßt die Herrschbegier
  Dann mächtig bey den Ohren;
Den Römern, Kind, ich sag' es dir,
  Ist's Herrschen angeboren.
Und so von einem Weltchen sich
Gefürchtet sehn, ist — hohle mich
  Der Teufel! — gar nicht übel. „

                „ Der

„ Der also dieses Reich regiert,
  Wird sehr die Welt kuranzen:
Ein jeder fromme König wird
  Nach seiner Pfeife tanzen.
Er hält von andrer Leute Geld
Ein großes Kriegsheer, und die Welt
  Küßt ihm dafür den Stiefel. „

„ Er kann mit seiner rechten Hand
  Die größten Wunder wirken,
Erobert das gelobte Land,
  Und massakrirt die Türken.
Wie einen Apfel theilt er dir
Die halbe Welt — schenkt diesem hier,
  Und jenem da die Hälfte. „

„ Ihn

„ Ihn werden Völker auf den Knie'n
　　Wie einen Gott verehren;
Thut's einer nicht, so wird er ihn
　　Durch Feuer Mores lehren.
Auch trägt er einen gröffern Hut
Als ich, und blitzt sogar — doch thut
　　Sein Blitzen wenig Schaden. „

„ Ja einer soll sogar einmal
　　Ein Kindlein prokreiren;
Daß soll von unserm Feldmarschall,
　　Herrn Mars, den Namen führen. (*)

Es

(*) — — — — Regina Sacerdos
Marte gravis — partu dabit — prolem
　　　　　　　　　L. I. v. 277. seq.

Es läßt mich zwar Virgilius
Das prophezey'n: allein man muß
    Dem Narrn nicht alles glauben. "

" Weil nun die Welt gewohnt schon ist,
    Von Rom zu dependiren,
So wird, so lang man Füsse küßt,
    Dieß Reich nicht exspiriren.
Der Römer Herrschsucht — kurz und gut —
Steckt nun einmal in ihrem Blut.
    So les' ich in den Sternen. " —

" Was deinem Sohne heut geschah,
    Soll nicht mehr arriviren;
Er soll sich itzt in Afrika
    Ein Bischen divertiren.

Merkur! geh nach Karthago hin,
Und sag': Ich laß der Königinn
 Den Mann rekommandiren. „ —

Indessen gieng Aeneas sehr
 Bekümmert längst dem Meere,
Und suchte sehnlich Jemand, der
 Ihm sagte, wo er wäre?
Denn Lybien sah er noch nie,
Und auch in der Geographie
 War er nicht sehr bewandert.

Da kam ihm eine bucklichte
 Zigeunerinn entgegen,
Die sah ihn an, und lächelte:
 Und rief: „ Viel Glück und Segen!
      Ey,

Ey, gebt doch euer Pfötchen her!
Um einen lichten Groschen, Herr,
　Sag ich euch Wunderdinge."

Der fromme Ritter glaubte noch
　An Hexen und dergleichen;
Drum fragt' er nur, ohn' ihr jedoch
　Die flache Hand zu reichen:
„Sagt mir, wie heißt die Gegend hier?
Giebt's etwa Menschenfresser hier?
　Sind Griechen in der Nähe?"

„Das Land, sprach sie, heißt Lybia.
　Die schönste aller Frauen
Läßt sich in dieser Gegend da
　Ein hübsches Städtchen bauen.

B 5　　　　Sie

Sie ist ein Weib, wie Milch und Blut,
Und euersgleichen herzlich gut —
    Auch noch dazu itzt Wittwe."

„Aus Geitz erschlug ihr Bruder ihr
    Den vielgeliebten Gatten:
Sie stahl ihm all sein Geld dafür,
    Und wußte sich zu rathen.
Von diesem Gelde kaufte sie
Dieß Ländchen sich, — Doch sagt mir, wie
    Kommt ihr hieher? Wer seyd ihr?"

"Ich bin, sprach er, der fromme Held
    Aeneas, euch zu dienen,
Unüberwindlich in dem Feld,
    Und hinter den Gardinen;

Am ganzen Himmelsfirmament
Ist nicht ein Stern, der mich nicht kennt,
Und meine Heldenthaten." (*)

"Wir überstanden Sturm und Graus:
Nun ist die Noth noch grösser;
Der Rum und Zwieback gieng uns aus,
Und leer sind unsre Fässer.
Von zwanzig Schiffen blieben mir
Nur sieben, und auch diesen hier
Thut's Noth, sie auszuflicken." —

"Dort

―――――

(*) Sum pius Aeneas —   —   —
  —   —   fama super æthera notus.
                                L. I. v. 382.

„ Dort in Karthago wirst du, sprach
  Die Alte, fürstlich leben,
Geh itzt nur deiner Nase nach, (*)
  So wird sich alles geben. „
Sprach's, und erhob sich in die Luft.
Aeneas roch Lavendelduft,
  Und kannte seine Mutter.

Er stutzt' und es verdroß ihn schier,
  Daß man ihn so vexiret;
Doch hatt' ihn die Mama dafür
  In Nebel einballiret,

(*) — — Qua te ducit via, dirige gressum,
L. I. v. 405.

Der Nebel war zwar ziemlich dünn,
Doch könnten unsre Damen ihn
 Zum Halstuch schwerlich brauchen;

Denn hinein sah man keinen Stich,
 Doch heraus desto besser.
In dieser Rüstung wagte sich
 Nun unser Eisenfresser
Bis mitten in die Stadt hinein,
Und nahm den Bau in Augenschein,
 Den man so eben führte.

Die einen gruben Brunnen aus,
 Die andern bauten Ställe,
Hier baute man ein Opernhaus,
 Dort eine Hofkapelle:

Da wurden Brücken aufgeführt,
Und Nepomuke drauf postirt,
    Dort sah man einen Pranger.

Hier stand ein Rathhaus funkelneu —
    Bis auf die Rathsherrn — fertig,
Dort war der Thurm der Domprobstey
    Noch seines Knopfs gewärtig:
Hier baute man ein Findelhaus,
Da grub man einen Keller aus
    Und baute drauf — ein Kloster.

Doch ein Kaffeehaus in der Näh'
    Ließ unsern Mann nicht weiter:
Er gieng hinein, trank Milchkaffee,
    Und las den Reichspostreiter.

                              Aeneens

Aeneens Flucht aus Trojens Glut,
Sein Sturm, sein Schiffbruch und sein Muth,
    Stand alles schon darinnen.

Drauf gieng er in die Restdenz,
    Die Fürstinn zu begaffen.
Sie gab itzt eben Audienz,
    Und hatte viel zu schaffen.
Er guckte lange nach ihr hin,
Und dachte sich in seinem Sinn,
    Mein Seel'! ein Weib zum Fressen.

Auf einmal kam ein Trupp herbey,
    Voll Mist bis an die Ohren:
Es war Aeneens Klerisey,
    Die er im Sturm verloren.

                        Die

Die warfen vor der Fürstinn Thron
Sich hin, und baten um Pardon
    Und Holz für ihre Schiffe.

„O Königinn!„ so schrie'n sie hier
    Aus einem Mund zusammen:
„Vergieb uns Fremdlingen, daß wir
    An dein Gestade schwammen,
Und stehest du nicht gern uns hier,
So nimm den Sturmwind her dafür,
    Der uns hieher verschlagen.„

„Als unsre Schiffe mit dem Steiß
    Auf einer Sandbank saßen,
Hat uns Aeneas — Gott verzeih's
    Dem Schlingel! — sitzen lassen.

                      Wir

Wir bitten dich, erhöre uns!
Befiehl uns, was du willst, wir thun's,
   Nur laß uns nicht verhungern!"

Frau Dido sprach: „Es gieng euch schwer,
   Die Augen gehn mir über:
Allein wo ist denn euer Herr?
   Der wäre mir noch lieber."
" Da ist er! — schrie nun mit Gewalt
Aeneas, daß das Zimmer hallt,
   Und sprang aus seinem Nebel.

Er war auf einmal wunderschön;
   Mama wußt' ihn zu zieren:
Sie ließ von ihren Grazien
   Ihn kurz vorher frisieren.

Sie gab ihm einen Anstrich mit, (*)
Und ihr Gemahl, der Messerschmied,
    Mußt' ihn vorher barbieren.

Nun war ein Jubel überall:
    Man drückte sich die Hände,
Schnitt Komplimente in dem Saal,
    Der Jammer hatt' ein Ende.
Wer da war, blieb sogleich im Schloß:
Dem Schiffsvolk schickte Dido, bloß
    Zum Frühstück, hundert Ochsen.

                                    Nun

(*) ——— ——— ——— namque ipsa decoram
    Cæsariem nato genitrix, lumenque juventæ
    Purpureum & lætos oculis afflarat honores.
                  L. I. v. 593. seq.

Nun ließ Aeneas von dem Schiff
    Auch die Geschenke kommen,
Die er, als er aus Troja lief,
    Zur Vorsicht mitgenommen:
Den Unterrock der Helena,
Den Schmuck der alten Hekuba,
    Nebst ihren Augengläsern,

Doch während in dem Schlosse schon
    Die Bratenwender schwirren,
Sann Venus drauf, für ihren Sohn
    Der Fürstinn Herz zu kirren;
Denn ein Weib traut dem andern nie,
Und auf Aeneens Galantrie
    War sich nicht zu verlassen.

Sie gieng zum Amor hin, und sprach:
　　” Mein lieber Sohn Kupido,
Gieb deiner Mutter Bitten nach,
　　Und kappre mir die Dido.
Dein Bruder ist ein dummer Hanns,
Zu ungeschickt, nur eine Gans
　　In sich verliebt zu machen. „

” Du gehst itzt als Askan in's Schloß
　　Zu ihr mit den Geschenken.
Läßt sie dich reiten auf dem Schoos,
　　So hüte dich vor Ränken:
Wenn sie dich aber herzt und küßt,
So jag' ihr, wie's gebräuchlich ist,
　　Den Liebspfeil durch die Gurgel. ”

Damit

Damit mir aber nicht Askan
    Verdirbt den ganzen Handel,
Geb' ich ihm Opium, vier Gran,
    In einem Zuckerkandel,
Und nehm' ihm seine Kleider all:
Dann trägst du, Kind, zum erstenmal
    In deinem Leben Hosen."

Weil Amorn nun nichts lieber war,
    Als Herzen zu erschnappen,
So ließ er gleich sein Flügelpaar
    Sich auf den Rücken pappen,
Zog auf der Stelle vom Askan
Rock, Kamisol und Hosen an,
    Und eilte nach Karthago.

Er schleppte die Geschenke hin
    Bis in den Saal: da saſſen
Aeneas und die Königinn
    Schon bey dem Tiſch, und aſſen. —
Das war ein Mahl! So eines hat
Kein infulirter Reichsprälat,
    So lang man ißt, gegeben;

Denn man verſchrieb das Zugemüß
    Durch reitende Staffetten,
Ragouts und Saucen aus Paris,
    Nebſt Zwergen in Paſteten.
Das Rindfleiſch war aus Ungarn da,
Die Vögel aus Amerika,
    Aus Lappland das Gefrorne.

Meerspinnen, Karpfen aus der Theiß,
    Forellen kaum zu messen,
Granelli, von der Pfanne heiß,
    Aeneens liebstes Fressen.
Ein ganzer Ochs war's Tafelstück,
Der Spargel, wie mein Arm so dick,
    Und Austern, groß — wie Teller.

Auch Kirschen, Ananas sogar,
    Und Erdbeer' im Burgunder,
Und dann die Torte — ja die war
    Der Kochkunst größtes Wunder:
Sie präsentirte Trojens Brand,
Und oben auf den Flammen stand
    Aeneas — ganz von Butter.

Und o der Wein! da wäſſert mir
    Der Zahn, wenn ich dran denke:
Tokayer, Kapwein, Malvaſier
    Stand maaßweis auf der Schenke.
Muskat und Ofner noch viel mehr:
Mit unſern Sechsundvierziger
    Wuſch man ſich nur die Hände.

Potz Sapperment! bald hätt' ich hier
    Den Wein, der bey dem Eſſen
Den Helden allen, und auch mir
    Der liebſte war, vergeſſen!
Champagner! o den ſahn wir kaum,
So ſoffen wir, daß uns der Schaum
    Am Barte noch mouſſirte.

Nun kam Askan. Die Königinn
    Erblickte kaum den Knaben,
So wollte sie vor allen ihn
    Auf ihrem Schoose haben:
„ Ein allerliebster kleiner Dieb!
Komm her Askanchen! hast mich lieb?
    Ach, ach, ein Kind zum Fressen!

Frau Dido konnte gar nicht satt
    Sich an dem Jungen küssen:
Doch ach, was sie am Sohn itzt that,
    Wird sie am Vater büssen.
Beym ersten Kusse von Askan
Da trollte schon ihr seel'ger Mann
    Sich fort aus ihrem Herzen.

Beym zweyten Kuß fiel schon ihr Blick
　　Auf ihren neuen Gecken,
Beym dritten wollt' er noch zurück,
　　Beym vierten blieb er stecken.
Beym fünften, sechsten, siebenten
War's um ihr armes Herz geschehn:
　　Es schlug ihr, daß man's hörte.

Selbst alle die Geschenke sah
　　Sie kaum, die vor ihr lagen:
Den Schmuck der alten Hekuba,
　　Schon ziemlich abgetragen,
Den Unterrock der Helena,
Zerlöchert, wie die Rudera
　　Von einer Feldstandarte.

Askan fraß nun in einem weg
    Nichts als Studentenfutter,
Frau Dido strich ihm Schnepfendreck
    Auf's Zuckerbrod, wie Butter,
Und nach gestilltem Appetit,
Nahm er Dragant, und warf damit
    Herum nach allen Gästen.

Nachdem sich die Schmarotzer voll
    Gefressen zum Zerspringen,
Befahl die Königinn, man soll
    Ihr einen Tummler bringen,
Und diesen Tummler füllte sie
Bis oben an, und hob mit Müh'
    Ihn schweppernd in die Höhe.

"Es leb' Aeneas! rief sie aus,
　　Und wer ihn liebt, nicht minder!.
Zevs segne sein erlauchtes Haus,
　　Und geb' ihm viele Kinder!"
Bey Paucken= und Trompetenschall
Trank sie den mächtigen Pokal
　　Rein aus bey einem Tropfen.

Das Mahl nahm nun, wie jedes Ding
　　Auf dieser Welt, ein Ende.
Man wischte sich das Maul, und gieng
　　Und wusch sich dann die Hände.
Aeneas saß zum Spieltisch hin,
Und spielte mit der Königinn
　　Mariage um einen Kreutzer.

Des Abends ward das Trauerspiel
    Othello aufgeführet,
Als sich der Held erstach und fiel,
    Ward gräulich applaudiret,
Und weil sein Tod so rührend war,
So mußte sich der arme Narr
    Ein Paarmal noch erstechen.

Indeß ward mit Provenceröl
    Die Stadt illuminiret,
Und auf der Königinn Befehl
    Im Tanzsaal musiziret.
Man tanzte sich bald matt und heiß,
Und setzte sich darauf im Kreis
    Herum, und spielte Pfänder.

Man

Man war vergnügt: die Fürstinn bloß
    Fand dran kein Wohlbehagen,
Sie saß Aeneen auf dem Schooß,
    Und setzt' ihm hundert Fragen:
Wie viel Trojanern das Genick
Achilles brach? wie lang und dick
    Sein Speer war? (*) und dergleichen.

Doch den Aeneas lustete
    Nach Pfändern und nach Küssen;
Er spielte mit: allein, o weh!
    Wie bitter mußt' er's büssen!

Nicht

(*) — — — quantus Achilles?
                    L. I. v. 756.

Nicht lang, so hieß es: ,, Wem dieß Pfand
Gehört, der soll uns Troiens Brand
Der Länge nach erzählen. ,,

———

Zwey-

Zweytes Buch.

Inhalt.

Wie der fromme Held Aeneas der Königinn
Dido und ihrem Hofgesind die Abentheuer
seiner letzten Nacht in Troja und die Zerstö-
rung dieser weltberühmten Stadt gar rührend und umständlich erzählt.

Im rothdamastnen Armstuhl, sprach
 Aeneas nun mit Gähnen:
Infantinn! (*) laßt das Ding mir nach,
 Es kostet mich nur Thränen.
Doch alles spitzte schon das Ohr:
Frau Dido warf die Nas' empor,
 Und schien fast ungehalten.
      Was

―――――――――――

(*) Infandum, Regina, jubes renovare dolorem.
    Æneid. L. II. v. 3.

Was wollt' er thun? Er mußte wohl
    Den Schlaf vom Aug sich reiben:
Er nahm zwo Prisen Spaniol,
    Sich's Nicken zu vertreiben:
Drauf räuspert' er sich dreymal, sann
Ein wenig nach, und legte dann
    Sein Heldenmaul in Falten.

"Die Griechen hielten uns umschanzt
    Zehn volle Jahr' und drüber:
Allein wo man Kartätschen pflanzt,
    Da setzt es Nasenfieber.
Dieß schien den Griechen nun kein Spaß,
Denn — unter uns — sie hielten was
    Auf unversengte Nasen.

Mit langen Nasen wären sie
　　Auch sicher abgezogen,
Hätt' uns nicht Satanas durch sie
　　Zu guter Letzt betrogen:
Der gab der Brut ein Kniffchen ein,
Sie thaten's, schifften flugs sich ein,
　　Und schossen Retirade.

Auf einmal war's wie ausgekehrt
　　Im Lager: doch sie liessen
Zurück ein ungeheures Pferd
　　Mit Rädern an den Füssen.
Sankt Christoph selbst – so groß er war,
Hätt' ohne Ruptionsgefahr
　　Den Gaul euch nicht geritten.

Der Bauch des Rosses schreckte baß
    Uns seiner Gröſſe wegen;
Es war das Heidelberger Faß
    Ein Fingerhut dagegen,
Und in dem Bauch — o Jemine!
Da lagen euch wie Häringe
    Zehntausend Mann beysammen.

Doch um das rechte Konterfee
    Von diesem Roß zu wissen,
So denkt, die Arche Noe steh
    Vor euch — doch auf vier Füſſen:
Gebt à proportion dem Thier
Noch Kopf und Schwanz, so sehet ihr
    Das Monstrum in natura.

In Wien, heißt's, ist man kurios:
    In Troja war's noch drüber!
Sie liefen hin zum Wunderroß,
    Als hätten sie das Fieber.
Da gab's Dormeusen, Kapuchon,
Und Hüte à la Washington
    Zu Tausenden zu sehen.

Man guckte sich die Augen matt,
    Und hatte viel zu klaffen:
Allein wie's geht, der Pöbel hat
    Nur Augen zum Begaffen,
Er sieht oft, wie Herr Wieland spricht,
Den Wald vor lauter Bäumen nicht:
    So gieng's auch den Trojanern.

Die Politiker thaten breit,
    Und machten tausend Glossen,
Doch hatten alle meilenweit
    Das Ziel vorbeygeschossen.
Zwar rief ein Kastenbraterweib: (*)
" Das Roß hat Schurken in dem Leib! "
    Doch die ward ausgepfiffen.

Und eh sich's nur ein Mensch versah,
    Da war, uns zu belehren,
Ein Eremit aus Argos da,
    Der bat, man möcht' ihn hören!

                      Doch

(*) Tunc etiam fatis aperit Cassandra futuris
    Ora. —   —   —   L. II. v. 246. seq

Doch macht' er's, wie die Redner all;
Denn er begann von Evens Fall,
    Um auf das Pferd zu kommen.

„Das Pferd, so schwur er, haben wir
    Ex Voto machen laffen,
Und haben's Sankt Georgen hier
    Zu Ehren hinterlassen.
Weh dem, der dran zum Sünder wird!
Es ist geweiht und angerührt
    An Sankt Georgens Schimmel."

Und als noch hie und da ein Ohr
    Unüberzeugt geblieben,
So wies er die Authentik vor.
    Auf dieser stand geschrieben:

Wen unser Wort nicht überführt,
Der sey anathematisirt!
Denn wir sind infallibel,

Und als um unser Ohr herum
Zwo Fledermäuse schwirrten, (*)
Da war kein Mensch so blind und dumm,
Denn sie nicht überführten,
Und alles schrie: — Mirakulum!
Der Schimmel ist ein Heiligthum,
Laßt in die Stadt ihn bringen!

(*) Ecce autem gemini — — —
— — — immensis orbibus angues &c.
L. II. v. 203. seq.

Es hieß: man wird dem heil'gen Thier
    Die Mauern öffnen müssen.
Flugs waren zwo Karthaunen hier,
    Um Bresche drein zu schießen.
Dem Schutzpatron indessen ward
Von unsrer lieben Jugend zart
    Ein Hymnus abgesungen.

Nach diesem nun belegte man
    Den Gaul mit vielen Stricken:
Ganz Troja spannte sich daran,
    Ihn von dem Fleck zu rücken.
Die Mädchen waren auch nicht faul,
Und jede band dem Wundergaul
    Ihr Strumpfband um die Füße.

Und kaum war mit dem heil'gen Roß
　　Der Zug nun angegangen,
So feurte man die Stücke los,
　　Und alle Glocken klangen.
So ward der neue Schutzpatron
In feyrlicher Prozeſſion
　　In Troja einquartiret.

Dem Gaul zu Ehren ward fortan
　　Ein Hochamt abgeſungen:
Zur Ehrenpredigt hatte man
　　Herrn Paſtor Gbtz gedungen.
Drey Stunden nach der Predigt fand
Man Trojens ſämmtlichen Verſtand
　　Im Rebenſaft ertrunken.

　　　　　　　　　　Indeſſen

Indeſſen gieng die Sonne ſtill
    In unſerm Golfo unter.
Ein jeder ſchnarchte, wo er fiel:
    Der Pfaffe nur blieb munter.
Zwar ſoff der Kerl, als wie ein Leu,
Doch trank er unſre Kletiſey
    Eh, als ſich ſelbſt, zu Boden.

Kaum ward der ſchlaue Schuft gewahr,
    Daß nun ganz Troja ſchnarche,
So nahm er euch dieß Tempo wahr,
    Und ſchlich zu ſeiner Arche:
Die zapft' er, wie ein Weinfaß, an,
Und ſieh! ein Strom von Helden rann
    Heraus aus ihrem Bauche.

Die andern waren auch parat,
    Die sich verkrochen hatten,
Und nun war ihnen unsre Stadt
    Ein rechter Sonntagsbraten.
Sie massakrirten Mann für Mann,
Die Wache mußt' am ersten dran,
    Sie fuhr im Rausch — zum Teufel.

So eben hatt' ich den Achill —
    Im Traume — überwunden,
Da weckte mich das Mordgebrüll
    Von diesen Fleischerhunden.
Ich gieng zum Fenster — heil'ger Gott!
Da sah ich nichts, als Mord und Tod,
    Und Stadt und Schloß in Flammen.

Wie Ihro Majestät gesehn,
  Wen sie oft Flöhe fiengen,
Daß ganze Flohfamilien
  Aus jeder Falte springen,
Und ängstlich hüpfen hin und her,
So flohen vor dem Mordgewehr
  Der Griechen die Trojaner.

Dieß sehn, und tipstaps war ich auch
  In meiner blanken Rüstung.
Ich lief hinunter in den Rauch,
  Zu hemmen die Verwüstung;
Doch als ich unten mich besah,
Poz Element! wie ward mir da,
  Ich hatte keine Hosen.

Der Muth steckt nicht im Hosensack,
    Dacht' ich, und hieb zusammen,
Und warf bald da, bald dort ein Pack
    Argiver in die Flammen.
Bald wiesen alle mir den Steiß,
Und flohn wie Hasen heerdenweis
    Vor meinem Damaszener.

Macht ein Narr zehn, so macht im Krieg
    Ein braver Kerl oft zwanzig.
Bald häuften Trojer sich um mich:
    Allein das Blättchen wand sich.
Ein Kniff verdarb's uns, der war dumm:
Wir tauschten unsre Helme um
    Mit grich'schen Bockelhauben.

                                    Wir

Wir packten zwar, als wie ein Hund,
 Der Mäus' und Ratten beutelt:
Allein das Kniffchen ward zur Stund'
 Uns jämmerlich vereitelt!
Denn mancher volle Kammertopf
Flog uns als Griechen auf den Kopf,
 Das stank ganz bestialisch!

Die Feind' erkannten auch fortan
 Uns aus den Rippenstössen,
Sie machten Front' bey tausend Mann,
 Uns auf dem Kraut zu fressen:
Viel Hunde sind des Hasen Tod,
Dacht' ich, und macht' in dieser Noth
 Mich eilig aus dem Staube.

Doch da ich, schwitzend durch und durch,
 Mein Hemd zu wechseln laufe,
Da komm' ich, ach, beym Thor der Burg
 Vom Regen in die Traufe.
Hier sah man erst der Feinde Wuth,
Ich mußte im Trojanerblut
 Bis über'n Knöchel waten.

Es sträubte sich mein Heldenhaar
 Des Mords und Greuels wegen;
Der Kindermord zu Bethlem war
 Ein Fratzenspiel dagegen.
Ganz türkisch metzgerte man hier
Hatschier und Läufer und Portier,
 Und was man fand, zusammen.

Man legte nun auch Hand an's Thor;
Doch hatt' es gute Schlösser.
Vor allen drang Held Pyrrhus vor —
Der größte Eisenfresser
Nach seinem Vater (*) und nach mir —
Sein ungeheurer Speer war schier
So groß, als wie ein Mastbaum.

Die schwarze Rüstung deckt' ein Schopf
Von kohlpechschwarzen Federn,
Die Augen brannten ihm im Kopf,
Gleich zweyen Feuerrädern,

(*) Dem Achill.

Kurz, sah man recht genau ihn an,
So glich er einem Auerhahn,
    Als wie ein Ey dem andern.

Held Pyrrhus nun erbrach die Thür
    Zu Priams Tabernakel: —
Du lieber Gott, was war das für
    Ein Jammer und Spektakel! —
Man träumte hier nichts von Gefahr,
Und ach, der ganze Hofstatt war
    Beynahe noch im Hemde.

Hier schrie und jammerte ein Schock
    Geschreckter Kammerfrauen,
Da war im Hemd' und Weiberrock
    Ein Hofkaplan zu schauen,

                    Und

Und dort, daß Gott erbarme! schlief
Ein Kammerfräulein gar noch tief
    Im Arm des Hofpoeten.

In Schlafrock und Pantoffeln stand
    Der König Priam fertig,
Und war, den Sábel in der Hand,
    Nun seines Feinds gewärtig.
Der alte Mann mit grauem Haar
Und weissem Bart, mein Seel'! es war
    Ein Anblick zum Erbarmen.

Allein kaum sah ihn Hekuba,
    So schrie sie: " Gott im Himmel!
Bedenke doch dein Podagra,
    Du alter, grauer Schimmel!

Was nützte denn das Fechten dir?
Kriech lieber unter's Bett zu mir,
 So sind wir beyde sicher."

Allein, o weh! schon hörte man
 Das feindliche Getümmel:
Der Feind lief haufenweis heran,
 Und Pyrrhus war ein Lümmel.
Er sah ihn, und ein Hieb, so flog
Herab der Kopf — da lag der Stock, (*)
 So lang er war, am Boden.

Indem

(*) — — — — Jacet ingens littore truncus.
L. II. v. 557.

Indem nun dieses arrivirt,
    Hatt' ich mich weg vom Haufen
In einem Tempel retiriret,
    Ein Bischen auszuschnaufen.
Poz Hagel, was erblickt' ich da!
Da saß die saubre Helena
    Versteckt in einem Beichtstuhl.

Hättst wohl zu beichten, dacht' ich mir,
    Du Muster aller Metzen!
Ganz recht, du kömmst mir nicht von hier,
    Ich haue dich zu Fetzen,
Und laß' ein Stück in jeder Stadt,
In der man solche Weiber hat,
    Aufhängen zum Exempel.

Ja, so gering der Ruhm auch ist,
 Ein schwaches Weib zu tödten,
So muß doch jeder gute Christ
 Die Welt von Sünden retten.
Potz Wetter! warum wär' ich denn
Der fromme Held Aeneas, (*) wenn
 Ich nicht die Sünden strafte?

Und als ich schon vom Leder zog,
 Die Hexe zu trenchiren,
Da zupfte Venus mich am Rock,
 Und rief: " Sind das Manieren?

(*) Sum pius Aeneas. L. I. v. 382.

Was gehn dich fremde Sünden an?
Schau lieber, was dein Sohn Askan,
　Und Weib und Vater machen.

Drauf hielt sie mir ein Fernglas vor,
　Und hieß mich aufwärts schauen:
Da sah ich hoch am Himmelsthor
　Geschichten zum Erbauen.
Ihr glaubt, daß man sich dort verträgt? —
Ja, gute Nacht! — Ein jeder schlägt
　Dort unter'm Hut sein Schnippchen.

Sankt Juno hatte weislich da
　Den Ehgemahl im Arme,
Und karessirt' ihn, daß er ja
　Der Stadt sich nicht erbarme.

Indessen flog in Trojens Brand
Aus Pallas und Neptunens Hand
    Ein Pechkranz nach dem andern.

Ich gieng nach Haus: da hatte mich
    Mama in Schutz genommen,
Sonst wär' ich dießmal sicherlich
    Gebraten heimgekommen:
Doch nun passirt' ich kugelfest
Und unverbrennlich, wie Asbest,
    Kanonenfeur und Flammen.

Hieraus nun sah ich klärlich ein,
    Und fühlt' es, daß die Ehre,
Von einer Göttinn Sohn zu seyn,
    Nicht zu verachten wäre.

Mein Vater, dacht' ich, war kein Narr,
Daß er so manches Jugendjahr
    Mit Zyprien verliebelt.

Ich trat in's Zimmer. Welch ein Bild!
    Wie ward ich da betroffen:
Mein Vater hinter einem Schild,
    Mein Söhnchen hinter'm Ofen.
Mein Weib, das hoch die Hände rang,
Schrie heulend: Schütze mich vor Zwang,
    Du heil'ge Mutter Anna!

Kourage, rief ich, faßt euch! Wißt,
    Frau Venus hat mir eben
Ein Land, wo Milch und Honig fließt,
    Statt diesem Nest gegeben.

Kommt mit in dieß Schlaraffenland!
Da sind die Felsen von Dragant,
  Die Wälder voll Zibeben.

Da will ich naschen, rief Askan,
  Und hieng an meiner Seite:
Mein Weib that Pelz und Handschuh' an,
  Und ich rief meine Leute,
Und sprach: — schickt euch zur Reise an!
Im Bierhaus vor der Stadt, beym Schwan,
  Da kommen wir zusammen.

Drauf nahm ich meine Wildschur um, (*)
  Daß sie die Rüstung deckte.

Indessen

─────────────────────
(*) —— —— Fulvique insternor pelle leonis.
        L. II. v. 722.

Indessen brannt' es um und um,
    Und sieh, das Feuer reckte
Zum Fenster schon die Zung' herein.
Da fiengen alle an zu schrey'n:
    Sankt Florian, errett' uns!

Nur Weiber zittern in Gefahr:
    Ich, ohne umzublicken,
Nahm meinen Vater, wie er war,
    Und packt' ihn auf den Rücken.
Nun, rief ich, Vater, reitet zu!
Gieb her die Hand Askan, und du,
    Kreusa, geh zur Seiten!

Ich, der ich sonst dem Teufel steh',
 Erbebte nun vor Lanzen
Und Schildgeklirr, und zitterte
 Für meinen theuren Ranzen.
Indessen trug ich meinen Sack
Ganz unverletzet, huckepack,
 Durch Nacht und Graus und Flammen.

Auf einmal schrie mein Vater: "Sohn,
 Sohn, tummle dich nur weiter!
Ach, siehst du, siehst, sie kommen schon
 Heran, die Bärenhäuter! —"
Ich fort, als brennte mir der Kopf,
Zog meinen Jungen nach beym Schopf,
 Und ach — verlor Kreusen.

Ich Dummkopf merkte das nicht eh,
> Bis wir am Bierhaus stunden,
Da sah ich um, und rief: o weh!
> Da war mein Weib verschwunden.
Patsch! — schmiß ich meinen Vater weg,
Und lief im allergrößten Dreck
> Zurück, um sie zu suchen.

Ich suchte, wie ein Narr, und schrie:
> " Wo hat dich denn der Teufel?
Kreusa! — Schatzkind! — Rabenvieh! —
> Ha! dich hat ohne Zweifel
Ein griechischer Husar erhascht!
O wehre dich! der Hund verpascht
> Dich nach Konstantinopel."

Auf einmal faßte eine Hand
    Eiskalt mich an der Kehle:
Ich schlug ein Kreuz, und da erkannt'
    Ich ihre arme Seele.
Kreusa, rief ich, bist du todt? —
Tu arme Närrinn, tröst' dich Gott!
    So bin ich also Wittwer!

Wie ich dich liebte! wie um dich
    Itzt meine Seufzer knallen!
O du — und hier vergaß ich mich,
    Wollt' um den Hals ihr fallen!
Allein der leichte Schatten wich,
Wie Luft, mir aus der Hand, und ich —
    Fiel nieder auf die Nase.

Die Hexe kann doch nimmermehr,
    Dacht' ich, das Foppen lassen!
Stund auf, und lief getrösteter,
    Als Wittwer, durch die Gassen.
Und was noch mehr mich tröstete,
Die ganze Schenke wimmelte
    Nun schon von Extrojanern. (*)

Auf, Brüder, rief ich, fasset Herz!
    Laßt Troja, laßt die Räuber!
Glaubt mir, es giebt auch anderwärts
    Noch Wein und schöne Weiber.

(*) —— —— miserabile vulgus. L. II. v. 798.

Es leb' Aeneas! schrie ein Hauf,
Und alle pokulirten drauf,
    Und zechten, bis es tagte.

Drittes Buch.

Inhalt.

Wie der theure Held Aeneas fortfährt, der Königinn in Lybia seine Wanderschaft von Troja und die dabey mannhaft bestandenen Abentheuer zu erzählen, und wie bey seiner Erzählung jedermänniglich einschlief.

Kaum war die letzte Fastnacht aus,
   Die Troja überstanden,
Als wir frühmorgens jedes Haus
   Schon eingeäschert fanden.
Das war ein Anblick, Königinn!
Ich will, so lang ich lebend bin,
   Den Aschermittwoch denken.

Die Noth macht' uns erfindungsreich:
    An Ida's nahem Rücken
Ließ ich ein Dutzend Schiffe gleich
    Für uns zusammenflicken:
Da zogen wir nun Groß und Klein,
Wie in die Arche Noahs, ein,
    Und giengen unter Segel.

Wir schwammen lange hin und her,
    Eh wir ein Ländchen fanden:
Doch liessen uns die Thracier
    An ihren Küsten landen:
Ein braves Volk, mit welchem wir
Bei einem Krug Trojanerbier
    Oft Bruderschaft getrunken. (*)

                                        Ich

(*) Hospitium antiquum Trojæ. --- L. III. v. 15.

Ich baute mir ein Städtchen hier,
    Um mich zu divertiren,
Dieß Städtchen sollte dann von mir
    Den Namen Aneis führen:
Auf's erste Thor, das fertig stand,
Schrieb ich mit leserlicher Hand:
    Pius Æneas fecit.

Jedoch ein Spuck benahm mir bald
    Die Lust zu diesem Spaße;
Ich hörte, daß im nahen Wald
    Ein Geist sich sehen lasse:
Er sey, so hieß es, fürchterlich,
Sey schwarz und weiß, und trage sich
    Wie ein Dominikaner.

Ich kriegte nun auch Appetit,
    Den Kobold zu beschwören,
Nahm einen Kapuziner mit,
    Damit wir sicher wären:
Dann wappnet' ich mich ritterlich,
Und deckte statt des Helmes mich
    Mit einem Weihbrunnkessel.

So giengen wir voll Muths dahin,
    Und sahn beym Mondenschimmer
Ein kleines Grab, und hörten drinn
    Ein klägliches Gewimmer:
Ein kalter Schauer fiel mich an,
Und ach, wie saure Milch, gerann
    Das Blut mir in den Adern. (*)

                              Um=

(*) —— —— Gelidusque coit formidine sanguis.
                                L. III. v. 30.

Umschattet war das ganze Grab
    Mit lauter Birkenzweigen,
Ich riß davon ein Sprößchen ab,
    Um es daheim zu zeigen:
Doch als ich riß, so tröpfelte
Aus dem gebrochnen Ast — o weh!
    Kohlrabenschwarze Dinte. (*)

Wie, wenn ein Kind die Ruthe kriegt,
    So fieng es an zu schreyen,
Und wie, wenn man im Fieber liegt,
    Schlug mir das Herz vom neuen:

(*) —— —— Atro liquuntur sanguine guttæ.
                    L. III. v. 28.

Der Pater endlich faßte sich,
Schlug hastig Kreuz auf Kreuz, und ich
    Rief: — Alle gute' Geister! —

Und augenblicklich sahen wir
    Den Geist in einer langen
Gestalt, mit schlechtem Löschpapier
    Nach deutscher Art umhangen:
Die hohlen Augen sahn — o Graus! —
Als wie zwey Dintenfässer aus;
    Und Dinte rann aus beyden.

Und weil ein Held in allem groß
    Ist, folglich auch im Schrecken,
So blieb mir, als ich's sah, nicht bloß
    Der Schrey im Schlunde stecken.

Der Schreck erdroſſelte mich ſchier:
Mein Haar ſtund auf, und lupfte mir
    Den ſchweren Weihbrunnkeſſel. (*)

Der Geiſt fieng an: " Was wollt ihr mir?
    O ſchonet mein im Grabe!
Ich büſſe ſchwer für das Papier,
    Das ich verſchmieret habe;
Denn ach! ich war einſt in der Welt
Ein ſchöner Geiſt, der Zeit und Geld
    Den Menſchenkindern raubte. "

Und

(*) Obstupui, steteruntque comæ, & vox faucibus hæsit. L. III. v. 48.

"Und all die Federn (wie es hier
    Mein Grabmal kann bezeugen)
Die ich verschrieben, wurden mir
    Zu lauter Birkenzweigen:
Ich muß für das, was ich gethan,
Aus beyden Augen hier fortan
    Gallbittre Dinte weinen."

"Und bis sich nicht in dem Revier
    Ein frommer Wandrer findet,
Der aus den Birkenzweigen hier
    Sich eine Ruthe bindet,
Und mir damit den Hintern gerbt,
Bis daß er roth und blau sich färbt,
    Muß ich im Walde spucken."

Der Pater war sogleich bereit,
  Die Seele zu erlösen.
Wir banden aus Barmherzigkeit
  Uns jeder einen Besen,
Und fegten ihn, und sieh, da schwand
Der schöne Geist uns aus der Hand,
  Und dankte für die Sträfe. —

Der Spuck benahm mir ganz und gar
  Die Lust, hier einzunisten:
Sobald das Meer bei Laune war,
  Verliessen wir die Küsten,
Und kaum als Tracien verschwand,
So schwamm uns gleich ein anders Land
  Auf offner See entgegen. (*)

Die

(*) Provehimur portu, terræque urbesque recedunt. L. III. v. 72.

Die schöne Insel Delos stund
 Vor uns, ein Nest voll Pfaffen:
Der Fürst hatt' über Beutel und
 Gewissen hier zu schaffen. (*)
Sein Reich war bald von dieser Welt,
Und bald von jener: doch sein Geld
 Bezog er nur von dieser.

Er war des Phöbus rechte Hand,
 Und was er prophezeyte,
War — wenn er auf der Kanzel stand —
 Ein Dogma für die Leute,

Und

―――――――――――――

(*) —— —— Rex idem hominum, Phœbique
sacerdos. L. III. v. 80.

Und der's nicht glauben wollte, war
Schon ipso facto in Gefahr,
   Hier oder dort zu braten.

Wir giengen hin zur Audienz.
   Und baten voll Vertrauen
Um's Placet seiner Eminenz
   Allhier uns anzubauen:
Allein der Fürst sprach: " Marsch von hier!
Dieß ganze Land gehöret mir
   Und meinem Domkapitel."

Und bey der Antwort, die er gab,
   Wies er auf seinen Degen:
Wir küßten seinen Hirtenstab,
   Und baten um den Segen.
                         Drauf

Drauf ließ er uns zum Fußkuß gehn,
Und schenkte uns Reliquien
    Von seinen Hühneraugen...

Vom nächsten Winde ließen wir
    Von hier uns fort kutschiren,
Und dieser schnelle Luftkurier
    Sollt' uns nach Kreta führen:
Wir sahen auch bald Inselchen,
Die rund herum zu Duzenden
    Um unsre Schiffe schwammen.

In Kreta selber ließen wir
    Uns ungefraget nieder,
Und weil das Holz in dem Revier
    Nicht theu'r war, baut' ich wieder

                        Ein

Ein Städtchen, Bergam zugenannt,
Weil es an einem Berge stand:
    Jetzt heißt es aber Amberg. (*)

Hier mußte mir nun Alt und Jung
    Der süssen Liebe pflegen, (**)
Und sich auf die Bevölkerung
    Mit allem Eifer legen;
Denn wenn ein junger neuer Staat
Nicht Bürger, wie Kaninchen, hat,
    So stirbt er in der Wiege.

(*) Pergam eamque voco. —— L. III. v. 133.
(**) —— —— lætam cognomine gentem
    Hortor amare. L. III. v. 133. seq.

Für jedes Kind, das man gebahr
    In meinen neuen Staaten,
Wenn's weder Mönch, noch Nonne war,
    Bezahlt' ich drey Dukaten,
Die Kinder mehrten sich so schnell,
Daß ihre Väter nicht gnug Mehl
    Zum Kindskoch bauen konnten.

Allein die böse Seuche kam
    In meines Staates Glieder, (*)
Die ihnen Saft und Kraft benahm,
    Und alles lag darnieder.

Die

(*) —— Subito cum tabida membris
—— —— —— miserandaque venit
—— lues. L. III. v. 137. seq.

Die armen Weiber daurten mich;
Sie mußten sich nun kümmerlich
   Mit dürren Wurzeln nähren. (*)

Ich gab auch dieß Projektchen auf,
   Frug einen Zeichendeuter
Um seinen Rath, und steurte drauf
   Mit meinen Schiffen weiter.
Kaum war das Land uns aus dem Blick,
So kam ein neues Ungelück
   Auf Wolken hergesegelt.

(*) Arebant herbæ. L. III. v. 142.

Gleich einem Kriegsheer, schwarz montirt,
    Kam an dem Himmelsbogen,
Laut von den Winden kommandirt,
    Ein Wetter angezogen,
Das ganze Meer empörte sich,
Und schwoll in Wogen fürchterlich
    Dem nahen Feind entgegen.

Die Heere stießen nun mit Macht
    Im Sturmgeheul zusammen:
Das Meer, wildschäumend aufgebracht,
    Die Wolken, lauter Flammen.
Kanonenschüsse donnerten,
Und die Kartätschen hagelten
    Uns Schloßen auf die Köpfe.

Die Luft schoß Feuerkugeln, wie
    Der Mond so groß, hernieder:
Das aufgebrachte Wasser spie
    Ins Angesicht ihr wieder,
Und statt der Bomben schleuderte
Das Meer den Wolken unsere
    Galeeren an die Nasen.

Verzehrend schien des Himmels Glut
    Sich in das Meer zu senken:
Verschlingend schien des Meeres Flut
    Den Himmel auszutränken.
Kurzum, das Feu'r= und Wasserreich
Vereinten sich, um uns zugleich
    Zu sieden und zu braten.

Drey Tage währte dieser Saus:
    Doch endlich gieng zum Glücke
Den Wolken Bley und Pulver aus:
    Sie zogen sich zurücke,
Und wir, zu Zunder halb verbrannt,
Und halb ertrunken, sahn ein Land,
    Auf das wir uns salvirten.

Hier kauften wir uns alsobald
    Wein, Zwieback, Fleisch und Fische,
Und setzten uns im nächsten Wald
    Recht hungerig zu Tische.
Allein kaum saßen wir im Kreis,
So mußt' uns auch schon ein Geschmeis
    Von Vögeln molestiren.

Die Vögel hatten einen Kopf
 Wie wir, jedoch geschoren,
Und vorn' und hinten einen Kropf
 Nebst langen, langen Ohren.
Sie hatten braune Flügel auch,
Und einen Reifen um den Bauch,
 Damit er nicht zerspringe.

Wie Fledermäuse sahn sie aus:
 Doch flogen sie bey Tage
Im Land herum von Haus zu Haus,
 Zu aller Menschen Plage.
Harpyen hiessen sie: zwar nennt
Man nun sie anders, doch man kennt
 Die Vögel aus den Federn.

Sie kamen an zu Dutzenden
    Aus ihren dunkeln Nestern:
Die schmutz'gen Bärte träufelten
    Noch von dem Wein von gestern
Sie sangen uns im Eulenchor
Ein lautes Miserere vor,
    Und stanken wie ein Wibhopf. (*)

Sie wollten sich in unserm Wein
    Die langen Bärte baden,
Und unsre Braten obendrein
    In ihre Säcke laden:

                      Doch

(*) —— —— Vox tetrum dira inter odorem.
                        L. III. v. 228.

Doch ich zog meinen Flederwisch,
Und jagte sie von unserm Tisch,
   So oft sie sich uns nahten.

Und als die Unglücksvögel flohn,
   Fieng einer an zu pfeiffen:
Wir würden all dafür zum Lohn
   Im nächsten Meer ersäufen. (*)
Allein wir machten uns nichts draus,
Wir tranken unsre Becher aus,
   Und fuhren wieder weiter.

Wir segelten nach Aktium
   Mit unsrer Schiffe Trümmern:

(*) —— —— Infelix vates. L. III. v. 246.

Hier sahn wir uns nach Pelzen um,
    Und warmgeheizten Zimmern;
Denn schon sah man das Jahr sich drehn,
Und Aquilone puderten
    Mit Reif uns die Perücken.

Den Winter über suchten wir
    Uns weidlich zu ergötzen,
Und frequentirten fleissig hier
    Theater, Ball und Hetzen:
Auch gieng ich hier mit Dichten um,
Und schrieb ein Epitaphium
    Auf meine Heldenthaten. (*)

                        Und

(*) —— —— Rem carmine signo
Æneas hæc Danais victoribus arma.
                L. III. v. 287. seq.

Und als wir nach Chaonia
    Im nächsten Frühjahr kamen,
So traf ich einen Landsmann da,
    Herrn Helenus mit Namen.
Der ließ sich hier zum Zeitvertreib
Für seine Kinder und sein Weib
    Ein zweytes Troja bauen.

Ich fand Andromachen auch hier,
    Die Pyrrhus einst entführte,
Und seinem Mädchenfalkonier,
    Dem Helenus, cedirte.
Ich traf sie voller Andacht an:
Sie sang für ihren ersten Mann
    So eben das Profundis.

Sie quälte mich zu Tode schier
  Mit ihren tausend Fragen:
Doch was sie fragte, wollen wir
  Für diesmal überschlagen.
Es waren lauter: Was und wer?
Woraus? Worein? Wohin? Woher?
  Um die kein Mensch sich kümmert.

Helen war Phöbus Hofkaplan:
  Drum bat ich ihn um Lehren,
Die mir zu meines Reiches Plan
  Dereinstens dienlich wären.
Er führte in den Tempel mich,
Setzt' auf Apollo's Dreyfuß sich,
  Und lehrte mich, wie folget:

" Glaub

„Glaub selber nichts, doch laß die Welt,
  Was du ihr vorschreibst, glauben.
Bringt jedermann dir selbst sein Geld,
  So darfst du's ihm nicht rauben.
Sey Herr, und nenne dich nur Knecht,
Und bitte niemals um ein Recht:
  Das du dir selbst kannst nehmen."

„Such' in der Welt stäts Finsterniß
  Mit Lichte zu vermischen,
So bist du deines Siegs gewiß;
  Im Trüben ist gut fischen.
Erkenne keinen Herrn, als Gott,
Und wenn man dich mit Krieg bedroht,
  Laß andre für dich streiten."

"Wenn ihrer zween sich zanken, sey
    Der Dritte, der sich freuet:
Nenn, was dir schadet, Ketzerey,
    Und dein, was man dir leihet.
Sey klug, und merke dir mein Wort,
Und pflanz' es unverändert fort
    Auf deine Kindeskinder." (*)

Ich schrieb mir's auf mein Eselsfell,
    Und schwur, soll' es mir glücken,
Ein Opfer nach Maria Zell
    Von schwerem Gold zu schicken.

                                Wir

(*) Hunc socii morem sacrorum, hunc ipse te-
                                neto:
Hac casti maneant in relligione nepotes.
                L. III. v. 403. seq.

Wir machten drauf uns bald davon:
Andromache gab meinem Sohn
    Bonbons mit auf die Reise.

Wir sollten das gewünschte Land
    Italien bald sehen.
Der Steu'rmann Palinurus stand
    Beständig auf den Zehen,
Frug emsig jeden Wind: Woher?
Und horchte hin, nnd horchte her,
    Ob keiner wälsch parlire?

Ein jeder wollt's am ersten sehn,
    Dieß Land vom neuen Schnitte.
Auf einmal schrie: Italien!
    Achat aus der Cajüte
                Italien!

Italien! scholl's im Vordertheil,
Italien! scholl's im Hintertheil,
   Italien! in der Mitte. (*)

Wir konnten das gelobte Land
   Zwar sehn, doch nicht betretten;
Denn ach! auf jeder Felsenwand
   Gab's griechische Kornetten:
Ich aber tröstete mich noch,
Und dachte mir: Je nu, gieng's doch
   Herrn Moses auch nicht besser.

(*) Italiam, Italiam primus conclamat Achates,
Italiam laeto socii clamore salutant.
                 L. III. v. 523. seq.

Ich ließ daher für diesesmal
    Mein Rechtsumkehrteuch schallen:
Doch wären wir bald Knall und Fall
    In Scyllens Schlund gefallen.
Das Sprichwort war hier Schuld daran;
Denn die Charybdis, heißt es, kann
    Man anders nicht vermeiden.

Miß Scylla pflegt die Schiffer hier
    Entsetzlich zu kuranzen;
Wir mußten, nolens volens, ihr
    Drey deutsche Walzer tanzen;
Die Wellen brausten fürchterlich,
Und unsre Schiffe tanzten sich
    Beynahe außer Athem.

Und alle die Historien
    Von ihr sind keine Fabel.
Sie ist ein Mädchen, wunderschön
    Vom Kopf bis zu dem Nabel:
Doch was von dort hinab, bedeckt,
Tief unterm Wasserrocke steckt,
    Ist greulich anzusehen.

Man sagt, sie hab' sich nie genug
    Getanzt in ihrem Leben,
Und, weil sie kurze Röcke trug,
    Viel Skandalum gegeben:
Drum ward ihr alles, was man sah,
Fuß, Waden, Knie & cætera
    So jämmerlich verwandelt.

Sie wurzelt' in den Boden ein,
 Und muß nun immer sehen,
Wie alle Schiffe, groß und klein,
 Um sie herum sich drehen.
So büßt sie nun, was sie gethan:
Die Wienermädchen sollten dran
 Sich hübsch ein Beyspiel nehmen.

Wir liessen diesen Tanz, und flohn
 Hin zu dem nächsten Lande:
Da hörten wir von ferne schon
 Ein Kreissen an dem Strande,
Und sahen einen Berg, der hier
Mit dem gesammten Luftrevier
 Lautdonnernd disputirte.

Des Berges Haupt schien uns im Rauch
    Und Nebel zu verschwinden:
Doch rollt' und kracht' es ihm im Bauch,
    Als litt' er an den Winden.
Auf einmal fieng er schrecklich an
Zu spey'n, und spie, als hätte man
    Zum Brechen ihm gegeben.

Und seines Magens Quintessenz
    Bestand aus Amuletten.
Er spie Kapuzen, Rosenkränz'
    Und Folterbänk' und Ketten:
Mitunter warf er auch, o Graus!
Gebratne Menschenglieder aus,
    Und ganze Scheiterhaufen.

Wir riefen Leut' ans Ufer her,
    Die uns zur Auskunft gaben:
Es liege hier ein Heiliger
    Aus Spanien begraben,
Und der spey' aus von Zeit zu Zeit,
Was er dort in der Ewigkeit
    Nicht ganz verdauen könne.

Wir hatten eine finstre Nacht,
    Und machten grosse Feuer;
Denn Luna gieng, nach wälscher Tracht,
    Beständig hier im Schleyer:
Doch als die Nacht den Tag kaum roch,
Und in die Thäler sich verkroch,
    Gab's wiederum was Neues.

Es lief ein Mann an's Ufer her,
    Und fieng uns an zu deuten.
Sein Magen war seit Wochen leer,
    Das sah man schon vom weiten:
Nur schlechte Lumpen deckten ihn,
Und seinem Bart zufolge, schien
    Er einem Juden ähnlich.

Als er an Bord kam, fieng er an
    Zu weinen und zu bitten:
" O rettet einen alten Mann,
    Den man als Kind beschnitten!
Erschießt, erhenkt, ersäufet mich!
Thut, was ihr wollt, nur lasset mich
    Von Menschenhänden sterben!"

"Ach, lauter Kannibalen sind
 Die Herr'n von diesem Lande:
Sie schonen weder Weib noch Kind,
 Und reissen alle Bande;
Denn hört, und fliehet weit davon:
Hier hat die Inquisition
 Sich ihren Thron erbauet."

"Hier wohnt ein Riese, den man den
 Großinquisitor nennet.
Er lebt vom Fett der Sterbenden,
 Die er zum Spaß verbrennet:
Er hat ein einzig Auge nur
Im Kopf, und hasset von Natur
 Die Leute mit mehr Augen."

„ Der Menschenwürger scheut das Licht,
  Und spricht mit keiner Seele; (*)
Er kennt vor Stolz sich selber nicht: (**)
  Sein Haus ist eine Höhle,
Worein der Unhold Menschen schließt,
Um sie, sobald er hungrig ist,
  Zum Mahle sich zu braten. "

" Ich selber sah ihn einstens zween
  Von meinen Brüdern braten,
Sah, wie sie brannten, prasselten,
  Und zitterten und baten,

Sah,

(*) Nec visu facilis, nec dictu affabilis ulli.
   L. III. v. 621.
(**) —— —— ipse arduus —— —— ——
   L. III. v. 619.

Saß, wie er hin an's Feu'r sich bog:
Den Duust in seine Nase zog,
   Und Wohlgeruch ihn nannte." (*)

"Auch ist er nicht der einzige:
   Die Menschenbraterbande
Zählt ihrer viele Hunderte
   In diesem weiten Lande.
Der liebe Gott im Himmelreich
Behüte und bewahre euch
   Vor diesem Uibel, Amen!" (*)

(*) Vidi egomet duo de numero &c.
                     L. III. v. 623.
(**) —— —— Dii, talem terris avertite pestem!
                     L. III. v. 620.

Wir selber sahn vom Schiff, sobald
    Der Jude hier geendet,
Das Monstrum, schrecklich, ungestalt,
    Am Seelenaug geblendet. (*)
Er hatte Wölfe um sich her
Im Schafshabit: (**) am Hals trug er
    Den Schmuck von Diamanten. (***)

Wir fuhren über Hals und Kopf
    Von diesem Unglücksstrande,
Und führten unsern armen Tropf
    Mit uns in beßre Lande.

                      Die

(*) Monstrum horrendum, informe, ingens, cui lumen ademptum.   L. III. v. 658.
(**) Lanigeræ comitantur oves ——— ——— ———   L. III. v. 660.
(***) ——— ——— de collo fistula pendet. ———   L. III. v. 661.

Die Fahrt gieng pfeilschnell, und wir sahn
Mehr Länder en passant, als man
    In Büschings Buche findet.

Wir fuhren über Hennegau
    Durch Lissabon nach Ofen,
Passirten drauf bey Trier die Sau,
    Nicht weit von Pfaffenhofen,
Sahn rechts die sieben Mündungen
Der Weichsel unweit Göttingen,
    Und landeten in Troppau. (*)

Hier

(*) Hinc Drepani me portus — —
    Accipit.   L. III. v. 707. seq.

Hier (fuhr Aeneas fort, und zog
　　Ein Schnupftuch aus der Tasche)
Hier leerte der, der mich erzog,
　　Die letzte Rheinweinflasche.
Mein Vater schloß die Augen zu:
Der Herr geb' ihm die ew'ge Ruh',
　　Und laß' ihn nicht erdursten!

Er war für mich recht wohl bedacht,
　　Und hatt' im Testamente
Mir ganz Italien vermacht,
　　Wenn ich's erobern könnte,
Und weil er gar so gütig war,
So ziert' ich seine Todtenbahr
　　Mit zwanzig Bruderschaften.

Von dort hab' ich gerade mich
    Zu euch hieher begeben,
Und hier, Prinzeſſinn, endet ſich
    Mein Vagabundenleben.
Allein ihr ſchlaft ſchon, ſeh' ich wohl:
Verſchnupft iſt auch mein Spaniol;
    Drum gute Nacht für heute!

Viertes Buch.

Inhalt.

Wie die Königinn in Lybia in den theuren Helden Aeneas gar sehr entbrünstet wird, und dann beyde auf der Jagd in einer Höhle zusammenkommen, und was da weiter vorgeht. Wie hierauf der fromme Held die Königinn verlassen, und sie sich darob mit eigner Hand gar jämmerlich entleiben thät.

Indessen fieng's die Königinn
    Im Herzen an zu zwicken.
Sie warf im Bett sich her und hin,
    Der Schlaf kehrt' ihr den Rücken.
Sie hatte weder Ruh noch Rast,
Kurzum, sie war in ihren Gast
    Ganz jämmerlich vernarret.

Und kaum begann aus ihrem Bett
  Die Sonne aufzubrechen,
Da hatten Ihro Majestät
  Vapeurs und Seitenstechen.
Sie warf das Möpschen aus dem Bett,
Zerriß das Band am Nachtkorset,
  Und biß sich in die Nägel.

Nun ließ sie den Gewissensrath
  Zu sich ans Bette kommen.
Der Mann erschien in vollem Staat, —
  Wiewohl etwas beklommen —
Im schwarzen zeugenen Talar,
Mit steifem Kragen: kurz, er war
  Aus Don Loyola's Orden.

In puncto sexti sind die Herrn
  Den Damen sehr vonnöthen;
Man konferirt mit ihnen gern,
  Und ohne Schamerröthen,
Und weil sich Kuppeln derivirt
Von Kopuliren, so gebührt
  Das Recht dazu bloß ihnen.

Der Fürstinn ward aus Lisabon
  Der Mann rekommandiret:
Er hatte Fürstenherzen schon
  Zu Dutzenden regieret;
Drum hatt' auch sie ihn ohne Scheu
Zu ihres Herzens Hofkanzley
  Geheimen Rath erkohren.

„Ach, Pater, fieng die Fürstinn an
    Mit aufgehobnen Händen:
Was ist Aeneas für ein Mann!
    Wie stark von Brust und Lenden! (*)
Ja, bände kein Gelübde mich,
Er, und kein andrer wär's, dem ich
    Noch unterliegen könnte. (**) "

„Seit meinem ersten Brautstand spürt'
    Ich nie ein solches Brennen,
Und nur Aeneas, glaub' ich, wird
    Dieß Feuer löschen können:

Doch

(*) Quem sese ore ferens, quam forti pectore.
                          L. III. v. 11.
(**) Huic uni forsan potui succumbere. —
                          L. IV. v. 19.

Doch brech' ich meinem erſten Mann
Den Schwur, den ich ihm, ach! gethan,
　So hohlt mich gar der Teufel."

Der Pater dacht': Aeneas ſcheint
　Ein frommer Mann, heißt Pius,
Und unſer Orden iſt ein Freund
　Von derlei Herrn in ius,
Und ſieh! er ſah im Geiſte ſchon
Sein Reich, und auch das Rohr, wovon
　Er Pfeifen ſchneiden wollte. (*)

"Da

(*) Poſt aliquot mea regna videns mirabor
　　　　ariſtas. Eclog. I. v. 70.

" Da Hochdieselben, fieng er an,
　　Noch jung zu seyn geruhen,
Und sich's bey einem frommen Mann
　　Viel sicherer läßt ruhen,
Als so im Bette ganz allein,
So rieth ich unmaßgeblichst ein,
　　Daß Sie die Hand ihm reichten. "

" Dem Eid, den Ihro Majestät
　　Dero Gemahl geschworen,
War sichtbarlich die Nullität
　　Gleich anfangs angeboren.
Der heil'ge Vater Busenbaum
Sagt deutlich: was man schwört im Traum,
　　Kann niemals obligiren. "

　　　　　　　　　　　　Allein

„ Allein gesetzt, Sie wären doch
    Für so was responsabel,
So scheint das Gegentheil ja noch
    Zum mindesten probabel:
Hier ist nur zwischen einem mehr,
Und zwischen einem weniger
    Probablen Fall zu wählen.

„ Gleichwie man aus zwey Uebeln nun
    Das kleinste wählt, so fehlen
Die nicht, die hier ein gleiches thun,
    Und 's minder Wahre wählen.
Der Eid, legal und nicht legal,
Ist also null in jedem Fall:
    Quod erat demonstrandum. „

Der Syllogismus nun benahm
  Der Fürstinn alle Schmerzen,
Und kitzelte das bischen Scham
  Ihr vollends aus dem Herzen. (*)
Das Wunder, so mit ihr geschehn,
Verdankte sie dem heiligen
  Patron Probabilismus.

Von nun an ließ die gute Frau
  Wie eine Braut sich kleiden:
Sie wollte weder schwarz, noch grau
  Mehr auf dem Leibe leiden,

                              Und

―――――――――――――
(*) Spemque dedit dubiæ menti, solvitque pu-
      dorem L. IV. v. 55.

Und kleidete von Kopf zu Fuß
Den heiligen Antonius (*)
    Mit ihren Wittwenkleidern.

Allein der Gott der Liebe zog
    Den Bogen immer straffer,
Und jeder Wurfspieß, wenn er flog
    Nach ihrem Herz, so traf er.
Ihr Herzchen sah dabey, o Graus!
Wie Sankt Sebastianus aus,
    Ganz übersä't mit Pfeilen.

(*) —— —— Cui vincla jugalia curæ. L. IV.
                                                    v. 59.

Beständig fuhr dem armen Weib
  Ein Jücken durch die Glieder:
Bald kam's ihr in den Unterleib,
  Bald in die Kehle wieder.
Sie lief herum ohn' Unterlaß
Wie ein geplagtes Füllen, das
  Die bösen Bremsen stechen. (*)

Und wenn sie ihren Theuren sah,
  War's aus im Oberstübchen:
Sie hieß bald den Askan — Papa,
  Bald den Aeneas Püppchen,

Langt,

(*) —— —— —— totaque vagatur
  Urbe furens qualis conjecta cerva sagitta.
L. IV. v. 68.

Langt, wo sie Dosen offen sieht,
Nach Schnupftaback, und fährt damit
Ins Maul, anstatt zur Nase.

Bald will sie gar den ganzen Spuck
Von Troja wieder hören, (*)
Greift, statt dem Glas, nach einem Krug,
Ihn auf sein Wohl zu leeren,
Und führt ihn bey stockfinstrer Nacht
Auf den Balkon, um ihm die Pracht
Von ihrer Stadt zu zeigen. (**)

Aeneens

(*) Iliacosque iterum demens audire labores
　　Expofcit —— —— —— L. IV. v. 78.
(**) Sidoniasque oftentat opes, urbemque pa-
　　　ratam. L. IV. v. 75.

Aeneens Unempfindlichkeit
  Muß dann Askan oft büssen:
Den küßt und drückt sie, daß er schreyt
  Und zappelt mit den Füssen;
Sieht ihn für den Aeneas an, (*)
Und denkt im Taumel gar nicht dran,
  Daß ihm der Bart noch fehle.

Der Bau gerieth dabey, wie man
  Leicht denken kann, ins Stecken: (**)
Die Maurer sahn einander an,
  Und maurten wie die Schnecken.

Der

(*) —— —— Infandum, si fallere possit amo-
                    rem. L. IV. v. 85.
(**) Non coeptæ assurgunt turres. — L. IV. v. 86.

Der Zimmermann gieng, statt aufs Dach,
Dem Wein und Karessiren nach,
    Reginæ ad exemplum.

Ob dieser Noth der Königinn
    Erhuben in dem Himmel
Frau Venus und Frau Jupitrinn
    Ein schrecklich Wortgetümmel.
Vor Zorn roth, wie ein Indian,
Fieng Juno, wie hier folget, an
    Ihr Mäulchen auszulecken:

"Dein saubrer Bub und du dürft euch
    Fürwahr gewaltig brüsten:
Es ist ein wahrer Heldenstreich,
    Ein Weib zu überlisten!
                   Zwey

Zwey Götter, beyde fürchterlich
An Macht, encanailliren sich
    Mit einem Weib — Pfui Teufel! "

" Dein Sohn, der saubre Kavalier,
    Wird doch wohl nicht drauf zielen,
Sich so nur en passant bey ihr
    Ein Bischen abzukühlen?
Und so er das nicht intendirt,
So laß uns nun, wie sichs gebührt,
    Die Eh' im Himmel schliessen. "

" Ich will sie morgen auf der Jagd
    Mit Regen überraschen,
Und ihnen, wenn's dir so behagt,
Den Kopf so lange waschen,

                      Bis

Bis sie in eine Höhle fliehn:
Dann komm' ich als Frau Pastorinn,
   Und kupple sie zusammen."

Frau Venus sah dieß Kniffchen ein,
   Und sprach: "Nu meinetwegen!
Nur zu, wenn's denn gefreyt muß seyn!
   Ich habe nichts dagegen."
Doch dachte sie: "Wie? mein Herr Sohn
Ein lybisch Königlein? — Fi donc!
   Eh werd' er Kapuziner."

Indeß hub sich bereits die Sonn'
   Aus ihrem nassen Bette:
Frau Dido saß zwo Stunden schon
   Voll Angst an der Toilette,

              Flucht'

Flucht' über ihren schwarzen Teint,
Denn ihr die Sonne so verbrennt,
    Und über ihre Taille.

Am Thore stand die Jägerschaar
    Mit ihren Doggen fertig:
Die ganze Jagdgesellschaft war
    Der Fürstinn nur gewärtig.
Ein Zelter, prächtig aufgezäumt,
Und schöner, als die Fürstinn, schäumt
    Und tanzt aus langer Weile.

Sie kam nun endlich, reizend wie
    Diana angezogen,
Hoch aufgeschürzt bis übers Knie,
    Nebst Köcher, Pfeil und Bogen,

                  Und

Und au Balon volant frisirt,
Ihr stumpfes Näschen schön schattirt
  Mit einer Straussenfeder.

Allein Aeneas ragt hervor,
  Wie über die Philister
Einst Goliath — mit seinem Rohr
  Und seinem Wolfstornister.
Den grünen Hut mit einem Strauß
Und Band gezieret, sah er aus,
  Als wie der bayr'sche Hiesel.

Er hielt der Fürstin ritterlich
  Den Bügel und die Mähre,
Und schätzte, wie einst Friederich
  Der Rothbart — sichs zur Ehre.

Er selbst bestieg sein Leibpferd dann:
Fest angegürtet ritt Askan
    Auf einem Korsikaner.

Kaum waren sie im Jagdrevier,
    So fieng man an zu blasen:
Die Reh' und Gemse sprangen schier
    Den Jägern auf die Nasen.
Aeneas schoß ruhb um sich her,
Und fehlt' ein Schwein, so groß wie er,
    Auf vier und zwanzig Schritte.

Askan war auch nicht faul: er stach
    Sein Pferd, und galoppirte
Den angeschoßnen Hasen nach,
    Bis er sie todt forcirte.

Er wünschte sich nur groß zu seyn,
Um auch ein grosses wildes Schwein,
    Wie sein Papa, zu fehlen.

Auf einmal ward am Firmament
    Der Nebel immer dichter:
Die Sonne, die bisher gebrennt,
    Schnitt finstere Gesichter.
Ein Hagelregen zog heran
Mit Blitz und Donner, und begann
    Die Jagenden — zu jagen.

Ein jeder brachte seinen Kopf
    In Sicherheit, da Schlossen,
Groß wie Aeneens Hosenknopf,
    Auf sie herniederschossen.

Der rettet sich in einem Strauch,
Der unter seines Rosses Bauch,
   Der läuft ins nächste Dörfchen.

Und wie der böse Satan oft
   Sein Spiel hat mit den Frommen,
So mußt' Aeneas unverhoft
   In eine Höhle kommen,
Wo eben, bis aufs Hemdchen naß,
Die so verliebte Dido saß,
   Ihr Unterröckchen trocknend.

Doch was die beyden Liebenden
   In dieser Höhle thaten,
Das läßt uns Wißbegierigen
   Herr Maro nur errathen:

Er

Er spricht, gar sittsam von Natur,
So was von ei ner Höhle nur,
 Und macht darauf ein Punktum. (*)

Doch seit mit diesem Verschen, das:
 So dunkel uns geblieben,
Ignatius den Satanas
 Aus Weibern ausgetrieben,
Beschuldigt man die Königinn,
Es habe sie Aeneas in
 Der Höhl' exorcisiret.

K 3   Der

(*) Speluncam Dido dux & Trojanus eandem
Deveniunt. —— —— L. IV. v. 105. seq.

Der Teufelsbanner ward auch drum,
    So wie es sich gebühret,
Von ihr vor's Konsistorium
    Des Tags darauf citiret. (*)
Da mußte nun der arme Narr,
Obs gleich nicht so gemeinet war,
    Mit ihr sich trauen lassen.

Miß Fama, da dieß vorgieng, saß
    Dabey nicht auf den Ohren:
Sie ward von Frau Curiositas
    Dereinst zur Welt gebohren.

(*) Conjugium vocat. —— L. IV, v. 172.

O hätte Madam Fürwitz nur
Die unverschämte Kreatur
  Im ersten Bad ersäufet!

Itzt aber führt sie in der Welt
  Ein skandaloses Leben,
Und pflegt für ein geringes Geld
  Sich jedem preis zu geben.
Obs Tugend oder Laster sey,
Das ist ihr alles einerlei,
  Sie profitirt von beyden.

Sie schämt sich nicht, und schwadronirt
Herum in allen Schenken,
Hält jedem, und prostituirt
  Sich da auf allen Bänken.

Ein jeder Zeitungsschreiber ist
Ihr Kunde, jeder Journalist
    Und jeder Kannengiesser.

Die Wahrheit und die Lüge frißt
    Sie auf mit gleichen Freuden,
Und was sie wieder ausspeyt, ist
    Ein Frikassee von beyden.
Wenn man zuweilen Kriege führt,
Und eine Schlacht geliefert wird,
    Dient sie auf beyden Seiten.

Sie haranguirt den Bösewicht;
    Und macht sich kein Gewissen,
Speyt oft der Tugend ins Gesicht,
    Und tritt sie mit den Füssen,

Verräth, was Nachts ein Mädchen that,
Frühmorgens schon der ganzen Stadt,
   Und schweigt von feilen Metzen.

Sie ist in täglich neuem Kleid
   In allen Assambleen,
Weiß oft die schalste Kleinigkeit
   Zum Wunder aufzublähen,
Ist wankelmüthig, wie ein Weib,
Und krönet oft zum Zeitvertreib
   Den Schmierer zum Poeten.

Die saubre Miß nun that zur Stund
   Dieß Heyrathsanekdötchen
Dem Mohrenkönig Jarbas kund
   - Im nächsten Zeitungsblättchen.

Der hatte vor nicht langer Zeit
Auch um die Königinn gefreyt,
    Und einen Korb bekommen.

Er war zwar selbst der Liebe Kind
    Aus Jupiters Geschlechte:
Allein dergleichen Kinder sind
    Stets feuriger, als ächte.
Drum schäumt' er wie ein Kraftgenie,
Lief in den Tempel hin, und schrie
    Auf zum Papa um Rache:

" Du, geiler Böcke Schutzpatron
    Und aller Hahnrey Vater,

Zevs

Zevs Ammon! (*) räche deinen Sohn
    An jener schwarzen Natter,
Die mich verschmäht, und wie man spricht,
Sich nun mit einem Milchgesicht
    In schnöder Wollust wälzet!"

"Ha, hätt' ich deinen Donner da,
    Wie wollt' ich sie zerschmettern!
Ich bin dein Sohn; du wolltest ja
    Dich mir zu Lieb entgöttern.
Thu selber erst, was du befiehlst,
Und wenn du Buben zeugen willst,
    Schau ihnen auch um Weiber!"

Herr

(*) Jupiter Ammon ward von den Aegyptiern mit einem Widderkopfe vorgestellt.

Herr Jupiter ward allarmirt
    In seinem blauen Himmel.
Er sprach: " Nu, nu, was lamentirt
    Und poltert denn der Lümmel?
Es wird wohl noch zu helfen seyn: —
Hohlt mir den Hofkourier herein,
    Ich hab für ihn Depeschen. "

Merkur erschien. " Mach' einen Ritt
    Nach Lybien, verweile
Dich nicht, und nimm die Flügel mit, (*)
    Denn, was ich will, hat Eile.

                                        Aeneas

(*) —— —— labere pennis. L. IV. v. 223.

Aeneas wird bey Dido seyn:
Drum sieh, daß du ihn kannst allein
    Auf ein Paar Worte sprechen. — "

" Frag' ihn, ob er denn glaubt, daß man
    Im Bette Reiche finde,
Und ob er seinen Vatikan
    Auf einem Sopha gründe?
Kurz, sag' ihm, ich sey teufelstoll:
In vierundzwanzig Stunden soll
    Er fort — und damit Punctum! " (*)

Merkur

(*) Naviget! hæc summa est. L. IV. v. 237.

Merkur zäumt' einen Zephyr auf,
 Schnallt' an die Füſſ' ihm Flügel,
Saß auf, und galoppirte drauf
 Fort über Berg und Hügel,
Kehrt' unterwegs zuweilen ein,
Trank ein Paar Gläſer guten Wein,
 Und kam an Ort und Stelle.

Aeneas auf dem Kanapee
 Trank eben Schokolade:
Da kam Merkur, und ſprach: "Mußje!
 Sie müſſen ohne Gnade
In vierundzwanzig Stunden fort!
So lautet meines Herren Wort.
 Abieu! wir ſehn uns wieder."

Der Held fand dieses Hofmandat
  Ein Bischen übereilet.
Vom ersten Liebeshunger hatt'
  Er sich zwar schon geheilet;
Allein im Grunde hatt' ers doch
Nicht satt, und war bis dato noch
  Bey gutem Appetite.

Allein die saure Himmelsbill'
  Hieß ihn einmal marschiren:
Drum ließ er ingeheim und still
  Die Schiffe reparieren,
Gab, was an Segeln unbrauchbar
Und gar zu sehr zerrissen war,
  Zu einem Winkelschneider.

Die Fürstinn aller Ach und O
  Dießmal zu überheben,
Wollt' er bey Nacht incognito
  Zu Schiffe sich begeben,
Und wenn die gute Haut (*) noch ruht,
Und sichs nicht träumen läßt, auf gut
  Französisch sich empfehlen.

Allein man weiß: die Liebe hat
  Ein Katzenaug. (**) Vom weiten
Sah Dido schon den Apparat,
  Und wußt' ihn auch zu deuten.

                              Sie

────────────────────────────

(*) ── ── ── quando optima Dido
      Nesciat ── ── ── L. IV. v. 291.
(**) ── ── quis fallere possit amantem?
                          L. IV. v. 296.

Sie riß mit Furienappetit
Ihr Haar sich aus, und rannte mit
   Dem Kopf nach allen Spiegeln.

Und als Aeneas Hut und Stock
   Ganz leise nehmen wollte,
Erwischte sie ihn noch beym Rock:
   Ihr flammend Auge rollte,
Ihr Mund, aus welchem Geifer rann,
Fieng kläglich ex abrupto an,
   Wie folgt, zu peroriren:

"Meinst du, daß mir verborgen blieb,
   Was du mir willst verhehlen?
Du suchst dich, wie ein Schelm und Dieb,
   Vergebens wegzustellen.

Ich merk es wohl, wohin du zielst:
Du bist nun meiner satt, und willst
    Mich Arme sitzen lassen."

*

"Ha, Bösewicht ohn' alle Scham!
    Den ich einst küßt' und drückte,
Den ich als Bettler zu mir nahm, (*)
    Und seine Hemden flickte,
Nicht wahr, mein Süsses schmeckte dir? (**)
Allein das Bittre willst du mir
    Allein nun überlassen."

"Um

(*) ― ― ― egentem
  Excepti ― ― L. IV. v. 373. seq.
(**) ― ― fuit tibi quidquam
  Dulce meum. ― ― L. IV. v. 317. seq.

" Um Ehr und Reputation
  Bin ich durch dich gekommen;
Barbar, was hab ich itzt davon,
  Daß du sie mir genommen?
Ach, liessest du mir doch dafür
Dein Ebenbild en mignature
  Zurück in meinem Schoose!" (*)

Allein kaum hatte sie verspürt,
  Daß sie vergebens schmählte,
Und er dabey ganz ungerührt
  Die Fensterscheiben zählte, (**)

L 2   So

————————————————————

(*) —— —— Siquis mihi parvulus aula
    Luderet Æneas —— L. IV. v. 328 seq.
(**) —— —— —— immota tenebat
    Lumina —— —— L. IV. v. 331. seq.

So gab sie noch zum Ueberfluß
Ihm folgenden Epilogus
   Voll Zorn mit auf die Reise:

" Du hergelaufner Bube du,
    Du ehrvergeßner Bengel!
Ein schöner Held! ja, ein Filou
    Bist du, ein Galgenschwengel!
Was hält mich ab, du Bösewicht,
Daß ich dir auf der Stelle nicht
    Dein Schelmenaug zerkratze?

" Ja hör's, infamer Kerl, und schreib
    Dir's hinter deine Ohren:
Nicht Venus, nein, ein Wäscherweib
    Hat dich zur Welt gebohren!

Und — ha! der Abkunft hoher Art! —
Ein Schusterjunge ohne Bart
    Hat sich an dir verschustert."

" Geh nur ,du Wildfang, den nichts rührt!
    Kein Hahn soll nach dir krähen:
Der Teufel — Gott verzeih mir's — wird
    Dir schon den Hals umdrehen:
Dein Herz von Sohlenleder reiß'
Ich dir dann aus dem Leib, und schmeiß'
    Es meinem Hund vor. — Dixi!" (*)

(*) Dixerat ——— ——— ———   L: IV. v. 331.

Aeneas fand die Rede schön,
    So wenig doch zum Lachen,
Daß ihm die Beine zitterten,
    Und seine Kniee brachen.
Er lief davon ganz angst und bang,
Und schwur, er wolle lebelang
    An die Frau Lisel denken. (*)

Man eilt' an Bord, und alles ward
    Nur obenhin bereitet:
Man sah Schnupftücher aller Art
    Statt Segeln ausgespreitet.

(*) —— Non me meminisse pigebit *Elisæ*.
                            L. IV. v. 335.

Da hieng am Ruder noch ein Aſt
Voll Kirſchen, dort hieng an dem Maſt
 Der Wimpel bey den Eicheln. (*)

Frau Dido ſah von ihrem Schloß
 Die Trojerflaggen wehen:
Da brach ihr Schmerz von neuem los,
 Sie wollte faſt vergehen.
Es muſte noch ihr Loyoliſt
An Bord, um eine Galgenfriſt (**)
 Für ſie noch zu erwirken.

(*) Frondentesque ferunt remos, & robora
       silvis
 Infabricata, fugæ ſtudio. L. IV. v. 399.
(**) Tempus inane peto. — L. IV. v. 433.

Vergebens demonstrirt' er da
    Nach Meister Sanchez Lehre,
Das accedente copula
    Die Eh' untrennbar wäre.
Aeneas sprach: "Sein Sanchez lügt;
Was er als Mensch zusammenflickt,
    Kann ich als Mensch auch trennen."

Als Dido sah, Aeneas sey
    Durch nichts mehr zu bekehren,
So wollte sie durch Hexerey
    Den Flüchtling Mores lehren.
Sie ließ zu diesem Ende gleich
Die größte Hex' in ihrem Reich
    Zu sich nach Hofe kommen.

Die mußte nun ein Wetterchen
    In einem Topf bereiten,
Und damit nach den Fliehenden
    Auf einem Besen reiten:
Allein Aeneas war so fein,
Und schoß mit Lukaszetteln drein.
    Plumpf! — lag die Hex' im Meere.

Das Ende von dem Liebsroman
    Ist nun in Dido's Händen!
Sie kann mit einem dritten Mann
    Ihn recht gemächlich enden;
Allein der Herr Virgilius
Befiehlt ihr, daß sie sterben muß:
    Nun gut, so soll sie sterben!

Es ist zwar freilich oft ein Graus,
 Wenn Dichter, die doch fühlen,
Wie eine Katze mit der Maus,
 Mit ihren Helden spielen:
Erst putzen sie mit vieler Müh
Den Helden auf, dann metzeln sie
 Ihr eigen Werk darnieder.

Ihr Herrn, aus deren Feder Tod
 Und Leben willig fliessen,
Sagt, macht ihr euch denn nicht vor Gott
 Und Menschen ein Gewissen
Ob eurer Federn Mordbegier?
Bedenkt doch, daß die Welt — und ihr —
 Viel lieber lacht, als weinet!

      Doch,

Doch, liebe Leser, habt Geduld!
  Es naht sich Dido's Ende.
Ich bin an ihrem Tod nicht Schuld,
  Und wasche meine Hände.
Herr Maro schlachtete sie hin:
Der Heldinn Blut komm' über ihn
  Und über seine Kinder!

Da sitzt sie schon, die arme Frau,
  Die gern gelebt noch hätte,
Vor Liebeskummer falb und grau,
  Auf ihrem Ruhebette,
Denkt sich, auf ihre Hand gestützt:
" Ja wohl ein Ruhebett' anitzt! "
  Und liest in Werthers Leiden.

Und wenn ihr dann, so wie sie ließt,
  Und mitseufzt und mitliebet,
Das Wasser in die Augen schießt,
  Und ihre Blicke trübet,
So zeigt sich alles doppelt ihr,
Und ach! sie sieht auf dem Papier
  Zween Werther sich ermorden. —

Indessen schwand der Sonne Licht
  Weg von dem Himmelsbogen:
Der Tag verhüllte sein Gesicht,
  Die Nacht kam angezogen
In tiefster Trauer, und begann
Dem Schlosse langsam sich zu nah'n
  Mit feyerlichem Schritte.

                              Ihr

Ihr schwarzes Haar stak unfrisirt
>In einer der Dormeusen,
Die sie nur dann und wann garnirt
>Mit schimmernden Pleureusen.
So kam sie ganz verschleyert hin
Zur liebekranken Königinn,
>Um ihr zu kondoliren.

Doch statt dem kleinsten Schlummerkorn
>Zeigt sie ihr nur Gespenster:
Kaum guckt des Mondes Doppelhorn
>Zu ihr herein durch's Fenster,
So glaubt sie bey der Hörner Schein,
Es guck ihr sel'ger Mann herein,
>Und drohe, sie zu spiessen.

Und weil die ganze Schöpfung traurt
 Bey großer Häupter Leichen,
So ward die Fürstinn auch bedaurt
 Von Kröten in den Teichen.
Die Unken sangen ung, ung, ung,
Das heißt: die Fürstinn ist noch jung!
 Wie leichtlich zu verstehen.

Des Himmels großer weiter Hut
 Beflorte sich zur Feyer:
Auch jeder Hügel war so gut,
 Und hüllte sich in Schleyer,
Und weit, gar von dem todten Meer,
Kam Aeols Leichtrompeter her,
 Und blies in die Posaune.

Die Eulen sangen Nänien,
    Wie sie noch nie gesungen,
So kläglich und so wunderschön,
    Als wären sie gedungen.
Nun kömmt's auch in ihr Kabinet:
Hier seufzt ein Tisch, da kracht ein Bett,
    Dort grinst ein langes — Handtuch.

"Ha, grinse nicht so gräßlich her,
    Du meines Mannes Schatten!
Ich komm', ich komme, Theurester!
    Um mich mit dir zu gatten."
So rief sie mit entschloßnem Ton,
Und zog ein langes Zopfband von
    Aeneas aus dem Busen.

Dieß schlingt sie um den Hals, knüpft dann,
    Auf einem Schemmel stehend,
Es fest an einen Nagel an,
    Die Augen schon verdrehend,
Und spricht in dieser Positur
Die letzten sieben Worte nur, (*)
    Gar rührend anzuhören:

"Du süßes, ewig theures Band, (**)
    Das ich — o sel'ge Stunden!
Aeneen oft mit eigner Hand
    Um seinen Zopf gewunden!

D

(*) —— dixitque novissima verba. L. IV. v. 650.
(**) Dulces exuviæ. —— L. IV. v. 651.

O du, des schönsten Haares Zier,
Ach, nicht gemacht, die Gurgel mir
 Dereinstens zuzuschnürren!" (*)

" O welch ein Zopf! wie wunderschön
 Ließ er an seinem Köpfchen!
Ja, gegen diesen einzigen
 Sind alle Zöpfe — Zöpfchen.
Drum, Band von aller Zöpfe Zopf!
Verschnüre mir nun auch den Kropf!
 Auweh! — ich häng' — ich sterbe! — "

(*) — — non hos quæsitum munus in usus.
    L. IV. v. 647.

So lautete der Monolog,
  Eh sie vom Schemmel schnappte,
Und ihre arme Seel' entflog,
  Wo sie ein Loch ertappte.
Die Stund da sie verschieden war,
Wird bang dem Buben, graust sein Haar,
  Es treibt ihn fort zu — Schiffe. (*)

Und seit dem jämmerlichen Brauch,
  Aus Liebe sich zu morden,
Ist unter unsern Damen auch
  Das Hängen Mode worden;

Sie

(*) Die Stund, da sie verschieden war,
  Wird bang dem Buben, grauß sein Haar:
  Es treibt ihn fort zu — Pferde.
Göthe.

Sie hegen gleichen Appetit,
Und hängen sich, wenn einer flieht,
 Sogleich — an einen Andern.

Virgils Aeneis

travestirt

von

Blumauer.

Zweyter Band.

Wien, bey Rudolph Gräffer. 1785.

Privilegium.

Wir Joseph der Andere von Gottes Gnaden erwählter römischer Kaiser, zu allen Zeiten Mehrer des Reichs, König in Germanien, zu Jerusalem, Hungarn, Böheim, Dalmatien, Kroatien, Slavonien, Galizien, und Lodomerien, Erzherzog zu Oesterreich, Herzog zu Burgund, und zu Lothringen, Großherzog zu Toscana, Großfürst zu Siebenbürgen, Herzog zu Mayland, Mantua, Parma ꝛc. gefürsteter Graf zu Habsburg, zu Flandern, zu Tyrol, ꝛc. ꝛc. ꝛc.

Bekennen öffentlich mit diesem Brief, und thun kund allermänniglich, daß

Uns Unser — und des Reichs lieber Getreuer, Aloysius Blumauer, unterthänigst zu vernehmen gegeben, wasmassen Er über seine travestirte Aeneis des Virgil eine mit vielen Kösten verbundene Auflage veranstaltet habe, hierbey aber von gewinnsüchtigen Leuten einen schädlichen Nachdruck besorge, zu dessen Verhütung Uns derselbe allerunterthänigst bitte, Wir ihme mit Unserm kaiserlichen Druck - Privilegio diesfalls zu statten zu kommen gnädigst geruheten.

Wenn Wir nun mildest angesehen, solche des Supplikantens demüthigstziemliche Bitte, als haben Wir ihme, seinen Erben, und Nachkommen die Gnade gethan, und Freyheit gegeben, thun solches auch hiemit wissentlich,

in

in Kraft dieses Briefes, also und
dergestalt, daß gedachter Blumauer,
seine Erben und Nachkommen obbe=
sagtes Werk, nämlich seine travestirte
Aeneis des Virgil, in offenen Druck
auflegen lassen, ausgehen, hin und
wieder ausgeben, feil haben, und ver=
kaufen mögen, auch ihnen solches nie=
mand, ohne ihren Consens, Wissen,
oder Willen, innerhalb zehen Jahren,
von Dato dieses Briefs anzurechnen,
im heiligen römischen Reich, weder
unter diesem — noch andern Titul,
weder ganz — noch Extraktsweise,
weder auch in grösserer — noch klei=
nerer Form nachdrucken — und ver=
kaufen solle. Und gebieten darauf al=
len und jeden Unsern, und des heiligen
Reichs Unterthanen, und Getreuen,
in=

insonderheit aber allen Buchdruckern, Buchführern, und Buchhändlern, bei Vermeidung einer Poen von fünf Mark löthigen Goldes, die ein jeder, so oft er freventlich hierwider thäte, Uns halb in Unsere Kaiserliche Kammer, und den andern halben Theil mehrbesagtem Blumauer, oder seinen Erben, und Nachkommen unnachlässig zu bezahlen verfallen seyn solle, hiemit ernstlich — und wollen, daß ihr, noch einiger aus Euch selbst, oder jemand von euretwegen obangeregtes Werk innerhalb den bestimmten zehen Jahren obverstandenermassen nicht nachdrucket, distrahiret, feil habet, umtraget oder verkaufet, noch auch solches andern zu thun gestattet, in keinerley Weise — noch Wege, alles bei Vermei-

meidung Unserer Kaiserlichen Ungnade, und vorangesetzter Poen, der fünf Mark löthigen Goldes, auch Verlierung desselben euern Drucks, den vielgemeldter Blumauer, oder seine Erben, und Nachkommen, oder deren Befehlshaber mit Hülf und Zuthun eines jeden Orts Obrigkeit, wo sie dergleichen bei Euch, und einem jeden finden werden, alsogleich aus eigener Gewalt, ohne Verhinderung männigliches, zu sich nehmen, und damit nach ihren Gefallen handlen, und thun mögen. Hingegen solle er, Blumauer, schuldig — und verbunden seyn, bei Verlust dieser Kaiserlichen Freyheit, die gewöhnlichen Fünf Exemplarien von dem ganzen Werk zu Unsern Kaiserlichen Reichshofrath zu liefern, und
dieses

dieses Privilegium andern zur Warnung demselben vorandrucken zu lassen. Mit Urkund dieses Briefs besiegelt mit Unserm Kaiserlichen aufgedruckten Sekret=Insiegel, der geben ist zu Mayland den acht und zwanzigsten Februarii, im Jahre Siebenzehnhundert vier und achtzig, Unserer Reiche des Römischen im Zwanzigsten, des Hungarischen und Böhmischen aber im Vierten.

Joseph.

(L.S.)

Vt Rfürst Colloredo.

Ad Mandatum Sa. Cæs.
Majest. proprium.

Ign. v. Hofmann.

Fort=

Fortgesetztes Pränumeranten-Verzeichniß.

Agram.
Hr. Gr. Franz von Szecheny.

Augsburg.
5 Ungenannte.

Bozen.
Hr. Jgn. Ant. Auffschnaiter, Kaufm. Hr. Ign. Jof. v. Gadolt. Hr. Jof. Gämsbacher, Rathschreiber. Hr. Gigl, Stadtschreiber Hr. Jof. Ant. Graßel, Handlungsdirektor Hr. Joh. Aloys v. Kall, Kaufm. Hr. Paul v. Menz. Hr. Jof. Jak. Merl. Hr. Nik. Moritsch, Spitalphysikus. Hr. Joh. Pet. Regglа, Rathschreiber. Hr. Jof. Aloys v. Söll, Stadtsynd. Hr. Jof. Tschidrer.

Brody in Gallizien.
Hr. Thom. Kaufm.

Bruchsal.
Frhrr. Franz v. Asbeck. Hr. J. Duras. Hr. Kammerassessor Schott. Hr. Kammersekret. Stahel.

Brün.

Brün.

Hr. Bergobzoom. Hr. Magister Ruge.

Brüssel.

Hr. Meininger.

Cöln.

4 Ungenannte.

Debreczin.

Hr. Jos. Bened. Linz, k. k. Unterlieut.

Dresden.

Fr. v. Balepsch. Hr. Chevalier d'Duis, königl. spanischer Gesandter Hr. v. Schiebel, Generallieut. 2 Ex. Hr. Gr. v. Schönburg.

Elrich.

Hr. Leop. Friedr. Günther, Goekingk. Kanzleydirektor, 3 Ex.

Frankfurt am Mayn.

Hr. v. Ettenau.

Freyburg.

Hr. Franz Hinderfad, k. k. Reg. Sekret. Fr. v. Malfatti. Hr. Petzeck, Prof. des Kirchenr. Frhrr. v. Sackmin, k. k. Landrechtenrath. 1 Ungenannter.

Gräz.

Hr. v. Stephen.

Hermannstadt.

Hr. v. Gänselmayr, 10 Ex. 1 Ungenannter.

Karls=

Karlsruhe.

Hr. Hemling.

Innsbruck.

Franz Jos. v. Aichinger. Jos. Fr. v. Aschauer. Hr. v. Eyberg, k. k. Fiskalbeamter, 4 Ex. Hr. v. Gugler, Kassaoff. Hr. Schmidt, Richter von Enneberg. Ign. Frhrr. v. Sternbach, k. k. Gubernialrath. Hr. Philipp v. Weis, k. k. Major von der Artillerie. 12 Ungenannte.

Ladenburg.

Hr. Stadtschultheiß Reinecker.

Lemberg.

Hr. v. Tullius, k. k. Oberstpostverwalter, 24 Ex. 7 Ungenannte.

Leutmeritz.

Hr. v. Mader.

Mannheim.

Se. Excell. Hr. v. Dallberg, wirkl. geheim. Rath und Vicepräsident. Hr. Färsch. Hr. Gieser. Hr. Revisor Heydel. Hr. Direktor Huber. Se. Durchl. Hr. Erbprinz v. Leiningen. Hr. Mas. Hr. Reg. Rath Frhrr. v. Oberndorf. Hr. Hofkapl. Spielberg.

München.

Hr. Philipp v. Hepp, Bürgermeister.

Münster in Westphalen.

Fr. Gr. v. Meerfeld, geb. Gr. v. Pergen.

Neustadt

Hr. Wenzel v. Petritzky. 2 Ungenannte.

Oeden=

Oedenburg.

Hr. Gr. Aug. v. Auersperg, k. k. Oberstlieut. Hr. v. Hauer, k. k. Major. Frhrr. v Laßgaller, k. k. Feldmarschalllieut. Hr. Sarka. Hr. Schemelweiß. Hr. Victoris. Hr. Zöllner. 11 Ungenannte.

Passau.

Hr. Joh. Graf v. Auersperg, Domkapitular. 2 Ungenannte.

Petersburg.

1 Ungenannter

Philippen in der Buccowina.

Hr. Christoph Wieser, k. k. Rittm.

Prag.

Hr. Gr. Jos. v. Canal. Hr. Gr. Christian v. Clam. Fr. Gräfinn Clam. Gallasch, geb. Gr. v. Spork. Se. Excell. Gr. Phil. v. Clary. Hr. J. B. del Curto. Fr. v. Duscheck. Hr. Ebenberger. Hr. Abbe Joh. Friesler. Frhrr. v. Kotz, k. k. Lieut.- Hr. Gr. Lanius. Hr. v. Mayern, k. k. Kriegsadj. Hr. Gr. v. Mottet. Hr. Friedr. Gr. v. Nostitz. Hr. Ant. Petz. Hr. Franz Rappa. Hr. Ferd. v. Schmelzing. He Schmidt, k. k. Kammeraladministr. Lehrer der Arzneyk. Hr. Bibliothekar v. Strahof. Hr Aloys Tochtermann v. Treumuth.

Presburg.

Gr. Franz v. Batthyan, k. k. Kämmerer. Hr. Lazarus Somsich v. Sard. Ihre Excell. Fr. Gräfinn v. Zichy.

Regen=

Regenspurg.

P. Buß. Hr. Diez, hochfürstl. Thurn u. Taxischer Rath. Hr. E. v. Dittmer, Churpfalzbayr. Hoflr. Rath. Hr. v. Dunkan, königl. Schwed. Legationsr. Hr. Valentin v. Emmerich. Hr. Joh. v. Frey, Banquier. P. Balth. Kizinger. Hr. Nic. Liber. Hr. v. Mastwick, hochfürstl. Thurn. u. Tax. Rath. Frhrr. v. Pelow. königl. preuß. Werblieut. Hr. Ant. Karl Purkard. Hr. Philipp. Reichenberger.

Roveredo.

Hr. Marquis v. Besseredi.

Schemnitz.

Hr. Joh. Eblner, 3 Ex.

Speyer.

Se. Hochwürd. Frhrr. v. Greiffenclau.

Steyer in Oberösterreich.

Hr. Fenzel E. v. Baumgarten, k. k. Hauptm. Hr. Jos. Leop. Frhrr. v. Eiselsperg, k. k. Kreiskomm. Hr. Matth. Guggenpichler, k. k. Stadtsynd. Fr. Marianna Fürstinn v. Lamberg, geb. Fürstinn v. Trautsohn. Hr. Madlmayr. Hr. v. Schwinborn, k. k. Fähnrich. Hr. Werlosnick v. Bernberg, 2 Ex. Frhrr. v. Westri, k. k. Hauptm. 2 Ungenannte.

Trient.

Hr. Kasp. Gr. v. Trapp: k. k. Kämmerer, u. Regierungsrath. Hr. Pius Gr. v. Wolkenstein, k. k. Kämmerer und Stadthauptm.

Vasar=

Vasarhely in Hungarn.

Frhrr. v. Bekers, k. k. Unterlieut. Hr. Ritter v. Camus, k. k. Unterlieut. Frhrr. v. Eschelburg, k. k. Oberlieut. Hr. v. Fleischer, k. k. Unterlieut. Frhrr. v. Gabelkoven, k. k. Unterlieut. Hr. v. Helmfeld, k. k. Oberlieut. Hr. v. Lücken, k. k. Oberlieut. Hr. v. Nestor. k. k. Unterlieut. Hr. Neumann v. Bucholt, k. k. Oberlieut. Hr. Graf Quabreck, k. k. Oberlieut. Hr. E. v. Vlader, Apotheker.

Wien.

Hr. Adlersberg. Hr. Graf v. Althan. Hr. v. Appel. Hr. Gener. v. Ayrenhoff. Hr. Baldermann. Fr. Regin. v. Bartenstein. Hr. Jak. Barthelmi. Fr. Gr. v. Bassewitz. Hr. Gr. v. Baudissin. Hr. Baundorner. Hr. v. Beck. Hr. Christ. Friedr. Bezold. Hr. v. Bolza. Hr. Joh. Konr. Bozenhard, Kaufm. Fr. Gr. v. Buquoi. Frhrr. v. Burkard. Hr. Dokt. Christian. Hr. v. Dalera. Fr. Gr. v. Daun. Fr. Gr. v. Dietrichstein, geb. Gr. v. Salburg. Hr. Dinghofer. Hr. Dittmann. Hr. Eberle. Hr. Ebert. Hr. Pet. Eggenberger. Hr. Eiginger, Oberlieut. Hr. v. Engelhard. Fr. Baronesse v. Engelshofen. Fr. Gr. v. Fekete. Hr. Fligner. Hr. v. Frankenfeld. Hr. v. Freund. Hr. Gr. v. Fürstenberg. Hr. Jos. Gall, Pfarr. Hr. Gerber. Hr. Geymiller. Frhrr. v. Gsöller. Frhrr. v. Gleichen. Hr. Gr. v. Galz, Oberst. Hr. Maxm. v. Gottsched. Hr. Götz. Hr. Götzel. Frhrr. v. Grechtler. Hr. Fr. Sales. E. v. Greiner, k. k. Hofr. Hr. Ign. Hacker. Hr. v. Haidenfels. Hr. Gr. v. Harrach. Hr. Haslinger. Hr. Gr. v. Hatzfeld. Hr. v. Hay, k. k. Hoffekret. Hr. v. Heildfeld. Hr. v. Heimmerl, k. k. Hofag. Hr. v. Held. Hr. v. Heß. Hr. Higner. Hr. v. Höfflein. Sr. Ign. Hohen=

Hohenmiller. Hr. Fr. Horack. Hr. v. Jahn, Hr. P. Job. Frhrr. v. Jungert. Hr. Karabinzky. Hr. v. Karner. Fr. Gr. v. Karoly. Hr. v. Keßler. Frhrr. v. Knorr. Hr. v. Kozeluch. Hr. Kunz. Hr. Joh. Bapt. Lechleitner, Kaufm. Hr. Joh. Fürst v. Lichtenstein. Hr. Phil. Fürst v. Lichtenstein. Fr. Gr. v. Lichtenstein. Hr. J. S. Lindemann. Hr. Prof. Linz. Hr. von der Litte. Se. Durchl. Hr. Fürst v. Lobkowitz. Hr. v. Lumaga. Hr. Madocsany, Rittm. Frhrr. Jos. v. Managetta. Hr. Menninger. Hr. J. A. v. Merk, k. k. Reichshofr. Ag. Frhrr. v. Mesnill. Hr. v. Milessimo. Hr. Abbe Miotti, 2 Ex. Hr. v. Oettel. Hr. Gr. v. Paar. Hr. Graf Paille, k. k. Hauptm. Hr. v. Palasty, 2 Ex. Hr. Gr. Nik. Palffy. Hr. v. Palocsay. Hr. Gr. v. Pamphi. Hr. Abbe Parker. Hr. v. Penzenstein. Ihro Exzell. Fr. Gr. v. Pergen, geb. Freyinn v. Großschlag. Hr. Gr. v. Pergen. Hr. v. Phillebois. Hr. Adalb. Pichler, k. k. Hofag. Hr. Pietscha, k. k. Oberlieut. Hr v. Pillersdorf. Hr. v. Plách. Hr. v. Pollinger. Hr. Preiß. Hr. Fr. v. Pußwald, d. A. D. Hr. Puz. Hr. v. Rack, d. R. D. Hr. Reißinger. Hr. Prof. Rheinisch. Hr. v. Riesenfels. Hr. v. Rorau. Hr. v. Rößgen. Hr. v. Rossi. Hr. v. Rosty, k. k. Oberster beym Artilleriekorps. Hr. v. Royß. Hr. Reichsgraf v. Rottenhan. Hr. Ruprecht. Hr. Saghy. Hr. v. Salomone, königl. sardin. Rath. Hr. v. Salliet. Hr. v. Sardagna. Hr. Gr. v. Saurau. Hr. Jos. Scheisser. Hr. Schenk. Hr. Fr. Schliher. Hr. v. Schlosser. Hr. J. G. Schmalzried, 2 Ex. Hr. Dokt. Schreck. Frhrr. v. Schröder. Hr. Er. v. Schulenburg. Hr. P. Spenger. Hr. Stephanie der ältere; Mitglied des k. k. Nationalth. Hr. Gr. Stockhmaer. Hr. Joh. v. Stöger. Hr.

Hr. v. Stubenrauch. Frhrr. v. Stuppan. Frhr. v. Tinti. Hr. General v. Tschamer. Fr. Baroneffe von Türkheim. Hr. Alex. v. Varady. Hr. Gr. Ant. Amad. v. Varkony. Hr. Steph. Hieron. v. Vigiliis, d. A. D. Hr. Ulrich Pfarrer. Frhrr. v. Vogel. Fr. Baroneffe. v. Waldstätten. Hr. Wallis. Hr. Wappler. Hr. v. Watsdorf, k. k. Oberlieut. Hr. Weber. Hr. Wedel. Hr. v. Weigl. Hr. v. Well. Hr. v. Wertenau. Hr. Widmann. Hr. v. Wieland. Hr. v. Wolfskron. Hr. Wronizky. Hr. v. Wezlar. Fr. Gr. v. Zinzendorf, geb. Fürstinn v. Schwarzenberg. 31 Ungenannte.

Fünftes

Fünftes Buch.

B

Inhalt.

Wie der fromme Held Aeneas seinen theuern Vater Anchises zum zweytenmal in Sicilien gar stattlich begraben, und dabey seine treuen Gefährten in allerley Spiel in Schimpf und Ernst üben thät, und was da weiter vorgieng.

Aeneas hört' auf seinem Schiff
  Ein klägliches Gewimmer,
Und guckte mit dem Perspektiv
  Zurück nach Dido's Zimmer;
Er sah ihr End, und rief ihr zu:
„Der Herr geb' ihr die ew'ge Ruh,
  Und mir — ein ander Weibchen!"

Doch Dido's Thränen, die der Schmerz
    Ihr aus dem Aug gewolken,
Erhoben sich nun himmelwärts
    In schweren Regenwolken,
Und diese leerten mit Gebraus
Sich über unserm Flüchtling aus,
    Um ihm den Kopf waschen.

Durchnäßt stand Palinur, und frug
    Den Herrn Neptun in Gnaden:
" Ey! habt ihr denn nicht Wasser gnug,
    Uns Sterbliche zu baden?" —
Aeneas rieb die Augen sich,
Und rief: " Die Tropfen beissen mich,
    Gewiß sind's Weiberthränen!"

Doch Palinur rief aus Verdruß:
"Ich bin ein Bärenhäuter,
Fahr' ich euch einen Büchsenschuß
Bey diesem Regen weiter.
Nach Wälschland fahre, wer da will!
Ich halt am nächsten Hafen still,
Uns Parapluy's zu kaufen."

Um nun die Schneckenfahrt am Meer
Ein Bischen zu beleben,
Ließ er durch seine Ruderer
Der See die Sporen geben:
Und diese stießen auch nicht faul
Den trägen grossen Wassergaul
Gewaltig in die Rippen.

Der Gaul schlug vorn' und hinten aus,
    Und brachte seine Reiter
Mit Schäumen, Toben und Gebraus
    In wenig Stunden weiter:
Und nun gieng's — freilich nicht hop hop —
Jedoch im sausenden Galopp
    Hin in Azestes Hafen.

In eine Bärenhaut genäht,
    Mit Pfeilen ganz den Rücken,
Gleich einem Stachelschwein, besä't, (*)
    Doch Freundschaft in den Blicken,

                        Erschien

(*) Horridus in jaculis & pelle Libystidis ursæ.
                              L. V. v. 37.

Erschien Azestes an dem Strand,
Und hieß in seinem kleinen Land
   Die nassen Herrn willkommen.

Kaum war nun alles unter Dach,
   So gieng der Bratenwender;
Aeneas aber suchte nach
   In seinem Schreibkalender,
Und fand: es sey gerad' ein Jahr,
Daß sein Papa gestorben war,
   Und hier begraben wurde.

Er ließ sogleich das Trojerheer
   Bey sich zusammen kommen,
Und sprach: "Ihr, die ihr über's Meer
   Mit mir hieher geschwommen,

Und deren Stamm in jener Welt
Großväter, Basen, Tanten zählt, (*)
  Vernehmet, was ich sage!"

"Ich mach' euch, liebe Dardaner,
  Mit Thränen hier zu wissen:
Heut ist's ein Jahr, daß, ach, mein Herr
  Papa in's Gras gebissen;
Drum zog der Himmel, wie wir sahn,
Heut diese tiefe Trauer an,
  Und weinte grosse Tropfen.

                          "Denn

(*) —— —— Genus alto a sanquine Divum.
                                      L. V. v. 45.

„ Denn wißt, ein großer Herr kann nicht
 So wie ein Hund krepiren,
Drum laßt uns itzt nach unsrer Pflicht
 Den Jahrgang celebriren! —
O gönne, Vater, gönne mir
Das Glück, dich alle Jahre hier
 Von neuem zu begraben!" (*)

„ Du bist gewiß ein Heiliger
 Im Himmel, wie ich glaube;
Du warst ja stäts ein Eiferer
 Der unverfälschten Traube:

(*) —— —— —— atque hæc me sacra quotannis
Urbe velit posita templis sibi ferre dicatis.
     L. V. v. 59. seq.

Drum, komm ich nach Italien,
So laß' ich mir Reliquien
 Aus deinem Leibe machen." (*)

"Mir soll der reiche Weinsteinquell
 In deinem heil'gen Magen
So viel, als das Aloyst=Mehl
 Den Jesuiten tragen:
Zum mindesten bin ich gewiß,
Mein Mittel wirkt wohl eh', als dieß,
 Im Unterleib Mirakel.

        " Trum

(*) —— relliquias, divinique offa Parentis.
        L. V. v. 47.

" Drum traurt um meinen Herrn Papa,
    Und windet ihm zur Ehre
Pleureusen um die Pokula,
    Und um die Fässer Flöre:
Und um auch des Champagners Knall
Zu dämpfen, stecket überall
    Sourdinchen in die Flaschen."

" Neun Tage sey kein Trinkgelag
    In allen Weinbehältern:
Der Winzer soll an diesem Tag,
    Statt Most, nur Thränen keltern:
Der Schmerz soll Kellermeister seyn,
Und dieser zapfe nun statt Wein
    Uns Wasser aus den Augen."

Nun

„ Nun laßt uns die Exequien,
    Wie sich's gebührt, erneuern,
Und dann den Tod des Seligen
    Mit frommen Spielen feyern." —
Sprach's: und schon wallte Paar und Paar
Im Leichenzug die Trosterschaar
    Zum Grab des frommen Trinkers.

Aeneas selber gieng voran,
    Und füllte nun mit Zähren
Den Tummler, den der sel'ge Mann
    Gewohnt war auszuleeren.
Ihm folgten auch die andern nach,
Und gossen manchen Thränenbach
    In ihre leeren Flaschen.

Als Klerisey verschönerte
    Den Zug ein Trupp Pauliner,
Ein Dutzend wohlgemästete,
    Langbärt'ge Kapuziner
In braunen Mänteln, Paar und Paar,
Und endlich schlossen noch die Schaar
    Zwölf Paar Dominikaner. (*)

Beym Grab des Todten ward zur Stund'
    Ein Kastrum aufgeführet,
Mit hundert Lampen aus Burgund
    Gar schön illuminiret:

Er

(*) ——— ——— ——— quinas de more bidentes,
Totque sues, totidem nigrantes terga juvencos.   L. V. v. 96. seq.

Er lag im Sarg', und um ihn her
Die Bruderschaften all, die er,
   Sein Lebelang — getrunken.

Und als der Sarg ward aufgethan,
   So schrie ob dem Spektakel,
Das sich itzt zeigte, jedermann
   Aus vollem Hals: Mirakel!
Denn sieh! zum Zeichen, daß er noch
Ganz unverwesen wäre, kroch
   Ein Wurm ihm aus dem Leibe. (*)

                        "Du,

(*) —— —— adytis cum lubricus anguis ab imis
Amplexus placide tumulum &c. L. V. v. 84. seq

,,Du, der du hier die Rudera
 Des Seligen verzehrest,
Und dich von dem Ambrosia
 Des heil'gen Leibes nähreft,
Bist du des Frommen Genius,
Sag', oder nur der Famulus
 An seiner Hinterpforte?" (*)

So frug erstaunt der fromme Mann:
 Doch, ohne ihn zu hören,
Fieng unser durst'ge Schutzgeist an,
 Die Lampen auszuleeren:

Er

———————————————
(*) Incertus, geniumne loci, famulumne parentis
 Esse putet.   L. V. v. 95. seq.

Er leerte sie den Augenblick,
Und kroch dann wiederum zurück
　　In seinen Tabernackel. (*)

Da Herr und Diener nun nichts, als
　　Gestank zur Antwort gaben,
So eilte man itzt über Hals
　　Und Kopf, sie zu begraben.
Man scharrte Sankt Anchisen ein:
Ein Rebenhügel, voll mit Wein,
　Ward seine Grabestätte.

　　　　　　　　　　Aeneas

―――――――

(*) ―― ―― ―― rursusque innoxius imo
　Successit tumulo, & depasta altaria liquit.
　　　　　　　　L. V. v. 92. seq.

Aeneas ließ das Grab zur Stund
    Mit jungen Reben krönen,
Und spritzte sie mit seinen und,
    Der Trojer heissen Thränen: (*)
Woher es denn auch kommen mag,
Daß noch bis auf den heut'gen Tag
    Die Rebenstöcke weinen.

Man gieng nun und bereitete
    Ein Mahl in großen Töpfen,
Und kriegte das vierfüssige
    Geleite bey den Köpfen.

(*) Vinaque fundebat pateris —
                  L. V. v. 98.

Die meisten starben durch das Beil,
Ein Theil ward aufgehängt, ein Theil
　　Gespiesset und — gebraten. (*)

Doch während die Trojaner sich
　　In Wein und Thränen baden,
Ward durch die Zeitung männiglich
　　Zu Spielen eingeladen,
Die Trojens frömmerer Achill
Dem, der durch Tokay's Hektor fiel,
　　Zu Ehren geben wollte.

　　　　　　　　　　Die

(*) — — — mactantque juvencos
— — — — —
　　Subjiciunt verubus prunas, & viscera torrent.
　　　　　　　　　L. V. v. 101. seq.

Die Traurnovenne war itzt um.
　　Als nun der Tag gekommen,
An dem Aurora wiederum
　　Ihr Bischen Roth genommen, (*)
So stand, von Neugier hergebannt,
Das Volk, Hanns Hagel sonst genannt,
　　Schon da mit offnen Mäulern.

Vier Luftballone, (**) jeglicher
　　So groß daß für Planeten
Die größten Astronomiker
　　Sie angesehen hätten,

　　　　　　Die

(*) —— —— —— nonamque serena
　Auroram Phaetontis equi jam luce vehebant.
　　　　　　　L. V. v. 104. seq.
(**) Quattuor ex omni delectæ classe carinæ.
　　　　　　　L. V. v. 115.

Die lagen fertig, um nunmehr
Mit dem gesammten Sternenheer
Ein Tänzchen mitzumachen.

Und sieh, in einen jeglichen
   Von diesen vier Planeten
Stieg eine der gepriesenen
   Gelehrten Fakultäten,
Samt Kanzler und Magnifikus,
Dekan, Pedell und Syndikus,
   Und Fakultätsdirektor. —

O Phöbus, der dem Erdenball
   Stäts Licht und Wärme bringet,
Und der sogar mit seinem Stral
   In Dichterköpfe bringet,

Du bist ja selbst ein Luftballon:
Laß mich bey dieser Aktion,
   Ich bitte dich, nicht stecken!

Im ersten Luftschiff schwamm empor
   Madam Philosophia:
Ihr Schiff stellt' einen Falken vor,
   Und das nicht ohne quia;
Denn wißt: ein Falke scheut kein Licht,
Er schaut der Sonn' ins Angesicht,
   Und kriegt nicht Augenschmerzen.

Das zweyte Schiff, auf welches sich
   Die Mediker begaben,
Trug schwarze Liverey, und glich
   Leibhaftig einem Raben,

Weil dieser Vogel von Natur
Sich von dem Fluch der Menschheit nur,
  Id est, vom Aase nähret.

Das mächt'ge Jus behauptete
  Die dritte Luftkarjole:
Das Schiff, worauf es segelte,
  War ähnlich einer Dohle,
Ein Thier, das Fäden gern versitzt,
Viel schwätzt, und alles wegstipitzt,
  So weit sein Schnabel reichet.

Im vierten Schiff war endlich die
  Theologie zu schauen:
Das schöne Luftpirutsch, das sie
  Bestieg, glich einem Pfauen;

Denn

Denn, wenn dieß Thier, sonst stolz gebaut,
Herab auf seine Füsse schaut,
    So schämt es sich verzweifelt.

So stand, gefüllt mit eitel Dampf,
    Die Wolkenflotte fertig,
Und war, erpicht auf Sieg und Kampf,
    Nur des Signals gewärtig,
Um dem Jahnhagel, welcher sich
Versammelt hatt', ein fürchterlich
    A quatro vorzuspielen.

An dem Plafond des Himmels sehn
    Wir vier Gestirne hangen,
Von welchen diese streitenden
    Partheyen ausgegangen:

Vom Zevs der Pfau, vom Mars das Jus,
Der Rabe vom Merkurius,
   Der Falke von der Sonne.

Dieß war das Ziel, zu dem hinan
   Die Luftgaleeren wollten,
Und wo sie reformirt sodann
   Zurücke kehren sollten;
Weil jede nach der Ehre geizt:
Sie hätt' ein Stern herabgeschneuzt,
   Als er den Schnuppen hatte.

Und weil sich jede Zunft der Welt,
   Für jährliche Gebühren,
Im Himmelreich Agenten hält,
   Die dort für sie agiren,

So waren auch die heiligen
Patronen dieser Kämpfenden
Partheyen hier zugegen.

Denn vor dem Himmelsthor erschien
Sankt Katharina, scherzend,
Am Arm des Thomas von Aquin,
Den alten Ivo herzend,
An diese schlossen noch sich an
Sankt Kosmas und Sankt Damian
Mit Apothekerbüchsen.

Kaum tönte das Signal in's Ohr,
So flogen die Galljonen

Lautzischend in die Luft empor,
 Gleich Stuwers (*) Tourbillonen,
Um ihre hocherleuchtete
Gradirte Köpf' in wolkichte
 Perücken einzuhüllen.

So bricht, wenn es im Kopfe brennt,
 Ein Dichter aus den Schranken,
Schwingt sich hinan zum Firmament
 Auf luftigen Gedanken,
Und drohet, wenn man ihn nicht fest
Hält, oder ihm zur Ader läßt,
 Den Himmel einzustossen.

                                        Und

(*) Der bekannte Feuerwerker in Wien.

Und nun hob in dem Wolkenplan
    Mit gräßlichem Getümmel
Der Fakultäten Kampf sich an.
    So einen Krieg am Himmel
Sah nicht der blinde Milton je,
Noch Sankt Johann, der Sehende,
    In der Apokalypse.

Die theolog'sche Kriegesmacht,
    Mit aufgesperrtem Rachen,
Gebot der philosoph'schen Jacht
    Despotisch, Halt zu machen,
Und drohte sonst durch ihren Duns —
Wie unlängst die Holländer uns —
    Sie in den Grund zu bohren.

                          Jetzt

Jetzt nahten sich die Kämpfenden.
  Potz Element! wie hausten
Die polyphlogistischen
  Kartätschen, und wie sausten
Die Ofengabelförmigen
Dilemmen und geketteten
  Soriten in den Lüften!

Es hatte die Theologie
  Ein ganzes Heer Doktoren,
Die pakten die Philosophie
  Gewaltig bey den Ohren.
Ein Doktor — sonst Mellifluus —
Gab für den kleinsten Bolzenschuß
  Ihr eine Kanonade.

Laudone der Philosophie,
  Sonst Helden ohne gleichen,
Sah man nun vor der Artillrie
  Der Theologen weichen:
Der eine streckte das Gewehr,
Der warf es weg, ein anderer,
  Ließ sich's sogar vernageln.

Und kriegte die Theologie
  Zuweilen einen schlauen
Freybeuter der Philosophie
  In ihre heil'gen Klauen,
So briet sie ihn wie einen Fisch,
Um ihn gebraten schon zum Tisch
  Des Satanas zu liefern.

Man tummelte sich lang herum
  Im Ziegenwollenzanke,
Da fiel das Jus canonicum
  Dem Pfauen in die Flanke,
Und schoß ihm, ohne viel Gebraus,
Ein Auge nach dem andern aus
  Auf seinem langen Schweife.

Indeß gewann der Falke Zeit,
  Die Klauen sich zu schärfen,
Und, was an seiner Langsamkeit
  Schuld war, von sich zu werfen;
Er warf — und machte nicht viel Wort —
Den Aristoteles vom Bord,
  Samt seinen Quidditäten.

Er nahte sich nun seinem Ziel,
   Indeß die kanonirten;
Der Pfau schoß zwar der Blitze viel
   Nach ihm und den Allirten:
Doch Franklin und Febronius
Entkräfteten fast jeden Schuß
   Mit ihren Blitzableitern.

Nun, während sich im Kampf herum
   Die drey Partheyen trieben,
War das Collegium medicum
   Ganz neutral geblieben,
Und nahm bloß mit dem Dienst vorlieb,
Daß es brav Nieswurz verschrieb
   Und aderließ und schröpfte.

Am nächsten kam der Falk hinan
  Zu seinem fernen Ziele,
Er wurde Sieger, und gewann
  Den ersten Preis im Spiele,
Er ward zum, Adler, und zum Lohn
Ward unter lautem Jubel Kron'
  Und Szepter ihm gegeben. (*)

Nun kam auch von der Aktion
  Das schlaue Jus zurücke:
Und dieses ward befreyt zum Lohn
  Von Rad' und Schwert und Stricke.

Doch

―――――――――――――――――

(*) — — Viridique advelat tempora lauro.
                     L. V. v. 246.

Doch die Facultas Medica,
Die nur so zusah, was geschah,
    Nahm ihren Lohn sich selber. (*)

Nun kam in lächerlicher Hast
    Der Pfau der Theologen
Mit einem Ruder, ohne Mast
    Und Segel, angezogen: (**)
Nur mühsam zog er seinen Schwanz,
Allein es waren doch nicht ganz
    Die Flügel ihm gestutzet. (***)

So

(*) ---- ---- ---- argenti aurique talenta.
                                  L. V. v. 112.
(**) Irrisam sine honore ratem --- agebat.
                                  L. V. v. 272.
(***) Vela facit tamen ---- ---- ----
                                  L. V. v. 281.

So bäumt mit zischendem Getön
    Die halb zertrettne Schlange
In hundertfält'gen Krümmungen
    Sich unter'm Fuß noch lange. (*)
Doch gieng darum nicht ohne Lohn
Auch diese Fakultät davon;
    Denn sie bekam itzt Weiber. (**)

So nahm das schöne Schattenspiel
    Für diesesmal ein Ende.
Ein Theil der Gaffer hielt sich still,
    Ein Theil klopft' in die Hände:

                      Der

(*) Qualis sæpe viæ deprensus in aggere ser-
pens &c. L. V. v. 273. seq.
(**) Olli serva datur ....
                      L. V. v. 284.

Der eine pfiff, der andre schalt,
Dem dritten ward nicht warm noch kalt:
    Und war doch alles gratis.

Im zweyten Spiele sah man nun,
    Anstatt der Herrn Doktoren,
Vierfüß'ge Thiere Wunder thun
    Mit ungleich kürzern Ohren.
Denn unser Held gab auf dem Gras
Ein Pferderennen itzt, und das
    War veritabel englisch.

Zu diesem Rennen wurden all
    Die Pferde hergeladen,
Die je brillirten ausserm Stall:
    Es kamen ihro Gnaden,

Der mazedon'sche Seneschall,
Der weiland große Buzephal
 Des kleinen Alexanders.

Auch kam mit einem Ritterstern
 Der Rapp' herangeschritten,
Auf welchem einst die Tempelherrn
 Und Heumondskinder ritten.
Nicht minder seine Herrlichkeit
Der Konsul von der Stadt, wo heut
 Zu Tag der Pabst regieret.

Die Pferde, welche schon im Heer
 Der Griechen debütirten,
Und trotz dem göttlichen Homer
 Ihr Griechisches parlirten:

Dann

Dann auch die Rosse, weiß von Haar,
Die bey den alten Deutschen gar
  Prophetendienste thaten.

Es hatten diese wiehernden
  Propheten, die den alten
Bewohnern unsrer Gegenden
  Für infallibel galten,
Schon manches Unglück prophezeiht,
Allein ihr eignes Schiksal heut
  Blieb ihnen, ach! verborgen.

So hatt' im finstern Wallfischbauch
  Einst Jonas vorgesehen,
Daß Ninive bald würd' in Rauch
  Und Flammen untergehen:

Doch daß die Laube über Nacht
Verdorre, die er sich gemacht,
    Ließ er sich gar nicht träumen.

Der keusche Roßnante, der
    Nicht mehr die Stutten wittert',
Dann Herkuls Pferde, die ihr Herr
    Mit Königsfleisch gefüttert,
Die kamen und noch andere,
Die uns die leicht vergessene,
    Miß Fama vorenthalten.

Die Renner harrten auf's Signal
    Lautschnaubend in den Schranken:
Und nun erscholl der Peitsche Knall,
    Sie flogen wie Gedanken,

                      Die

Die oft ein Mädchen bey der Nacht
Mit Extrapost, wenn es erwacht,
    An den Geliebten sendet.

Doch schneller, als der Sturmwind pfiff,
    Und zehnmal noch behender,
Als all die grossen Herren, lief
    Ein magrer Engelländer,
Ein Thier, so schnell und leicht zu Fuß,
Als hätte Mylord Aeolus
    Es selbst Kurier geritten.

Nun folgten, aber weit zurück,
    Die zween prophet'schen Schimmel;
Allein sie hefteten den Blick
    Beständig nach dem Himmel,

Und sahen drum die Pfütze, die
Vor ihnen lag nicht eh, bis sie
 Darinnen stecken blieben.

Indeß fiel um ihr Büschchen Heu
 Die arme britt'sche Mähre
Am Ziel' ermattet auf die Streu,
 Und starb den Tod der Ehre.
So liefen einst die griechischen
Athleten um ein Zweigelchen
 Des Oelbaums sich zu Tode.

Doch dafür ward das edle Thier
 In England sehr gepriesen,
Und neben Lock' und Schakespear
 Ein Platz ihm angewiesen.

Das

Das Monument des Seligen
Ist heut zu Tage noch zu sehn
    In der Abtey Westmünster.

Und nun begann das dritte Spiel
    Dem Volk zu guter Letze,
Das ausserordentlich gefiel,
    Denn es war eine Hetze.
Aeneas kannte's Publikum,
Und wußte, daß die Wiener drum
    Die Füße weg sich liefen.

Die Kämpfer rauften anfangs zwar
    Gleich Hahnen nur um Körner,
Doch als man in der Hitze war,
    Wies man sich auch die Hörner.
        Drum

Drum setze, liebes Publikum,
Dich hübsch in einen Kreis herum,
   Und sieh die Autorhetze.

Es trat ein Kämpfer auf die Bahn,
   Der fieng euch an zu trotzen,
Und seine Gegner, Mann für Mann,
   Gewaltig anzustoßen.
Er hieb vor'm deutschen Publikum
So schrecklich in der Luft herum,
   Als wollt' er alle fressen.

Sein großer Bängel, vorne schön
   Mit Bley, statt Witz, beschlagen,
Bewies er, sey der Cestus, den
   Die Alten einst getragen.

Er

Er warf nun diesen Cestus hin,
Und sieh! kein Gegner war so kühn,
Denselben aufzuheben.

Er krähte schon Triumph, da trat
Ein großer deutscher Ringer
Hin zum latein'schen Goliath,
Und wies ihm seine Finger, (*)
Und sagte kühn ihm in's Gesicht:
Sein Kolben sey kein Cestus nicht,
Sey nur ein Pressebängel.

Sie

(*) Constitit in digitos extemplo arrectus uterque.
L. V. v. 426.

Sie giengen auf einander los,
    Wie zween erzürnte Böcke.
Doch er bekam auf jeden Stoß
    Des Gegners blaue Flecke.
Wie Hagel auf den Dächern sauft
Des Siegers kampfgewohnte Faust
    Um seine langen Ohren.

Allein ein kleiner Sieg erweckt
    Stäts Lust nach größern Siegen.
Er ließ den Prahler hingestreckt
    Auf allen Vieren liegen,
Und warf nun den polemischen
Fechthandschuh eines anderen
    Hin auf den deutschen Boden.

Ein Ding, so stark, daß es im Nu
　　Den Kopf euch brechen könnte,
Und doch war dieser Fechthandschuh
　　Nicht ganz mehr, nur Fragmente
Von einem Fechthandschuh, womit
Ein braver Ringer den Alzid
　　Einst vor den Kopf geschlagen.

Ein Stier, der in Hammonien
　　Gern Apis werden möchte,
Geübt in dem polemischen
　　Gelehrten Stiergefechte,
Der lief, wie wüthig, drum herum,
Und brüllte, daß dem Publikum
　　Dabey die Ohren gellten.

Er rannt' auf seinen Gegner los,
 Als wollt' er flugs ihn spiessen;
Allein schon auf den ersten Stoß
 Mußt' er den Frevel büssen:
Ein Schlag auf seinen dicken Kopf
Vom Gegner, und da fiel der Tropf
 Zu Boden, wie ein Plumpsack. (*)

Als Nachspiel dieser Aktion,
 Dem Troß des Volks zum Kitzel,
Kam die Representation
 Der kleineren Scharmützel,

        Worinn

———————————————

(*) Sternitur, exanimisque tremens procumbit humi bos.   L. V. v. 481.

Worinn die Autorjungen sich
Vorm Publikum so ärgerlich
Den Steiß einander zeigen.

Hier schlug ein Ochs nach einem Schaf,
Dort rauften Mäus' und Ratten,
Da schlug ein Esel aus, und traf
Nur seinen eignen Schatten:
Hier lief ein Eber voller Zorn,
Dort stieß ein Bock sich selbst sein Horn
In hunderttausend Stücke.

Hier lag der Welt zum Skandalum
Ein Wärwolf fast geschunden,
Dort balgt' ein andrer sich herum
Mit zwanzig Fleischerhunden:

Die

Die Hetze schloß, als Feuerhund,
Mit einem Eselsschweif im Mund
    Der bay'rsche Ketzerbrater.

Zuletzt ließ seinen Herrn Papa
    Askan noch invitiren:
Er gab ein Karoussel, um da
    Sich auch zu produziren,
Und zeigte zu des Vaters Freud'
Unendlich viel Geschicklichkeit
    Im Schnalzen und Kutschiren.

Indessen so sich alles wohl
    Gethan auf Feld und Anger,
Ward Juno von dem alten Groll
    Mit neuen Ränken schwanger.

Sie rief ihr Kammerkätzchen her,
Und schickte sie hinab an's Meer
    Mit heimlichen Depeschen.

Die alten Jungfern, die einst keusch
    Aus Troja mit entliefen,
Weil sich an ihrem zähen Fleisch
    Die Griechen nicht vergriffen,
Die lagen auf den Knieen da,
Und schickten zu Sankt Pronuba
    Manch brünstig Stoßgebettlein. (*)

(*) — — — — vox omnibus una.
                         L. V. v. 616.

Seit sieben Jahren segelten
  Sie schon herum im Meere,
Gleich Ursula's Gespielinnen,
  Mit dem Trojaner Heere,
Und boten jeglichem Tyrann
Ihr welkes Jungferkränzchen an
  Für eine Marterkrone.

Zu diesen Jungfern kam in Eil'
  Auf ihrem bunten Bogen
Herabgerutscht, als wie ein Pfeil,
  Miß Iris angeflogen,
Und trat, wie ihr befohlen war,
Mit dieser malkontenten Schaar,
  Wie folgt, in Unterhandlung:

"Die

" Die ihr zur See so zweifelhaft
    Herum nach Männern treibet,
Und auf der Sandbank --- Jungfrauschaft ---
    So lange sitzen bleibet,
Wißt, daß der Ort, nach dem ihr zieht,
Stäts um so weiter von euch flieht,
    Je länger ihr drum segelt. " (*)

" Sucht lieber hier die Flott' am Meer
    Durch Feuer aufzureiben,
Und zwingt den Schlingel, der hieher
    Euch führte, hier zu bleiben:

(*) Italiam sequimur fugientem.
                    L. V. v. 62.

Aeneas ist ein Schuft und fromm,
Er führt euch sonst mit sich nach Rom,
  Und macht euch da zu Nonnen."

" In einem Spinnhaus werdet ihr
  Dort euren Leichtsinn büssen,
Und weisse Wolle für und für
  Zu Pallien spinnen müssen,
Die man dort auf das theureste
Verkauft, und instantissimo
  Bey alle dem verlanget." ---

Nun trat hervor die Aelteste
  Aus allen, die da waren,
Ein Jungferchen, so weiß wie Schnee,
  (Versteht sich bloß an Haaren)
                    Sie

Sie war am Hof zu Ilion
Bey fünfzig Prinzen Amme schon,
    Und hieß noch immer Jungfer. (*)

Die warf den ersten Feuerbrand
    Wie wüthig nach den Schiffen:
Ihr folgten mit gesammter Hand
    Die andern. Sieh, da griffen
Die Flammen Thau und Masten an,
Und loderten die Strick' hinan,
    Lautknatternd zu den Wimpeln.

(*) Phyrgo tot Priami natorum regia nutrix.
                      L. V. v. 645.

Aeneas, der vom weiten schon
    Das Feuer praffeln hörte
Von der Illumination,
    Womit man ihn beehrte,
Kam auffer Athem an den Strand
Mit seinen Trojern hergerannt,
    Und schrie, man sollte löschen.

Allein das Feu'r nahm über Hand:
    Hier fraß es schon --- o Jammer ---
Heißhungrig an dem Proviant,
    Dort sprang die Pulverkammer.
Hier brannt' ein Schiff am Vordertheil,
Dort leckten schon am Hintertheil
    Des Orlogschiffs die Flammen.

Da

Da fieng der fromme heil'ge Mann
 Voll Inbrunst an zu beten:
"O heiliger Sankt Florian!
 Hilf uns die Schiffe retten!
Ich will auf diesem Platze hier
Für diese große Wohlthat dir
 Ein schönes Kloster bauen.

Der Heilige, der dieß vernahm,
 Hatt' ihn beym Wort genommen;
Denn sieh, er selbst, o Wunder, kam
 Auf Wolken hergeschwommen,
Mit einem Kübel in der Hand,
Und löschte den fatalen Brand
 In wenig Augenblicken.

Allein Aeneas wollte drum
    Nicht länger hier verweilen,
Er kaufte neue Segel, um
    Nach Latium zu eilen;
Er dachte sich: das Kloster kann
Dort auch stehn, und Sankt Florian
    Wird's so genau nicht nehmen.

Indessen war bereits die Sonn'
    Im Meer auf ihrer Reise,
Und allerorten herrschte schon
    Der Tag der Fledermäuse.
Aeneas schlief; es war schon spät:
Da trat ein Geist hin an sein Bett',
    Und nahm ihn bey der Nase.

Jesus, Maria, Joseph! rief
    Der Held, ohn' es zu wissen,
Und steckte seinen Kopf, so tief
    Er konnt', hinein in's Kissen.
Allein der Geist blieb vor ihm stehn,
Und sprach, mit einem trotzigen
    Gesichte, diese Worte:

"Blick auf, ich bin kein böser Geist,
    Der nur von Schwefel stinket,
Ich bin, wo man Ambrosia speist,
    Und frischen Nektar trinket:
Ich, dein hochseliger Papa,
Bin selbst dich zu kuranzen da,
    Weil du nicht Wort willst halten,"

"Es läßt durch mich Sankt Florian
  Sein Kloster vindiziren,
Das sollst du bau'n, und es sodann
  Mit gutem Wein dotiren:
Wenn du nicht gleich den Bau anhebst,
So wird er dir, so lang du lebst,
  Den Durst mit Wasser löschen."

"Zur Hölle wirst du dann sofort,
  Wie Pater Kochem, gehen,
Und von dem Schwefeltrank alldort
  Dein blaues Wunder sehen.
Doch sieh! man schließt die Himmelsthür
Adieu! der himmlische Portier
  Ist streng und hält auf Ordnung."

Kaum fieng auf diese Schreckennacht
         Der Morgen an zu grauen,
So ließ er gleich mit aller Pracht
         Das neue Kloster bauen.
Er nannte es: Sankt Florian,
Und wies es solchen Leuten an,
         Die zu nichts Besserm taugen. (*)

Die alten Urseln, die nicht mehr
         Recht hinter den Gardinen,
Zu brauchen waren, machte er
         Zu Ursulinerinen:

                                   Allein

(*) —— —— animos nil magnæ laudis egentes.
                          L. V. v. 751.

Allein die minder Häßlichen
Bracht' er im Land als Köchinnen
 Bey Klosterpfarrern unter.

Er selbsten aber eilte nun,
 Um in die See zu stechen.
Frau Venus durfte dem Neptun
 Ein Schmätzchen nur versprechen,
So gieng er mit dem Dreyzack her,
Und schlug die Wellen, die zu sehr
 Sich hoben, auf die Köpfe.

Die allerschönste Nacht begann.
 Hell fiengen schon zu brennen
Die hunderttausend Lampen an,
 Die wir sonst Sterne nennen.

Der

Der Steu'rmann Palinurus saß
Bey einem Gläschen Rum, und maß
    Es fleißig mit dem Senkbley.

Und als er so in seinem Glas
    Die Tiefen stäts sondirte,
Und in dem blinkenden Kompaß
    Die Sterne kalkulirte,
Da ward ihm ach! der Kopf zu schwer:
Er fiel vom Bord, und löscht' im Meer
    Sich seinen Durst auf immer.

Dieß gieng Aeneen, als er ihn
    Vermißte, sehr zu Herzen,
Er lief ans Steuerruder hin,
    Und sprach mit vielen Schmerzen:

" Er daurt mich doch, der arme Narr!
Denn wenn er nicht besoffen war, —
　　Regiert' er's unvergleichlich."

Sechstes Buch.

Sechstes Buch.

Erster Theil.

Inhalt.

Wie der theure Held sich seiner künftigen Abentheuer halben bey der weisen Frau Sybilla erkundigen, und mit ihr eine Fahrt in die Hölle anstellen thät.

Aeneas ließ sich Extrapost
    Beym Aeolus bestellen,
Und kam nach Kuma nun getrost
    Mit seinen Spießgesellen.

Die Anker bissen in den Sand,
Die Flotte drehte sich und stand,
    Und wies der Stadt den Hintern. (*)

Gleich Flöhen, hüpften an den Strand
    Die trojischen Kadetchen; (**)
Der kaufte sich ein Degenband,
    Der andre suchte Mädchen,
Der gieng auf eine Parthie Whist:
Aeneas, als ein frommer Christ,
    Gieng lieber in die Kirche.

                                          Auf

(*) Obvertunt pelago proras, tum dente tenaci
    Anchora fundabat naves, & littora curvæ
    Prætexunt puppes. —— L. VI. v. 3. seq.
(*) —— —— juvenum manus emicat ardens
    Litus in hesperium. —— —— L. VI. v, 5.

Auf einem Berg erblickte man
    Ein Schloß, so ungeheuer
Und prächtig, als der Vatikan,
    Und auch beynah so theuer:
Hier hatte die berühmteste
Bauchrednerinn, die kumische
    Alraune, ihren Tempel.

Sie trieb ein Monopolium
    Im Lande mit Drakeln,
So wie noch unser Sekulum
    Es treibet mit Mirakeln:
Drum ward ihr Tempel auch sehr schnell
So reich, als wie Mariazell,
    Und wie Mariatafert.

Der Tempel selber ward vorher
    In Kreta fabriciret,
Und dann nach Wälschland übers Meer
    Von Engeln transportiret;
Er war voll schöner Bilderchen:
Aeneas blieb vor jedem stehn,
    Und machte seine Glossen.

Hier flog ein Sankt Aloyssus
    Vor einer Silhouette,
Da wählte sich Macarius
    Ein Schnackennest zum Bette,
Und Simon Stock erweckte dort
Am Tisch mit einem einz'gen Wort
    Vom todten einen Stockfisch.

Hier predigt Sankt Antonius
   Den Fischen Glaubenslehren,
Die Heiden dort statt seiner muß
   Ein Esel ihm bekehren;
Hier springt Sankt Ignaz in den Teich,
Dort geht mit ihrem Schmerzenreich
   Sankt Genoveva. schwanger.

So ließ Aeneas seinen Blick,
   Sich zu desennuyiren,
Auf allen Bildern Stück für Stück
   Gemach herumspaziren; (*)

(*) — — — quin protinus omnia
Perlegerent oculis. — L. VI. v. 33. seq.

Da kam die Priesterinn, und schrie:
" Fi donc! Monsieur Maulaffe, Fi!
 Ist denn itzt Zeit zum Gaffen?" (*)

" Such' erst durch Opfer dich mit mir
 Gehörig abzufinden,
Dann will ich auf dem Dreyfuß dir,
 Was du verlangst, verkünden."
Aeneas that's sogleich, gieng hin,
Und opferte der Priesterinn
 Fünf schöne Kälberbraten.

Sie

(*) Non hoc ista sibi tempus spectacula poscit.
L. VI. v. 37.

Sie führte drauf ihn bis zum Thron,
 Worauf sie residirte,
Und wo in eigener Person
 Sie Satan inspirirte.
Ein Teufel, der aus Seefeld kam,
Und hochdeutsch sprechen konnte, nahm
 Itzt Platz in ihrem Leibe.

Ihr Haar erhob sich unter'm Schley'r,
 Ihr Busen unterm Mieder,
Es fuhr ihr ein elektrisch Feu'r
 Zikzak durch alle Glieder:
Sie keuchte, wand, und krümmte sich,
Verzog die Augen fürchterlich,
 Als hätte sie die Kolik.

Doch rief sie, wie Xaverius:
  "Mehr, mehr auf diesen Schettel!"
Der Held verstand dieß Amplius
  Und leerte seinen Beutel.
Drauf kniet' er vor die Priesterinn
Mit aufgehobnen Händen hin,
  Und fieng so an zu beten:

"O du, der es vergönnet ist,
  Der Zukunft, die im Leben
So spröde sich vor uns verschließt,
  Das Röckchen aufzuheben,
O sey so gut, und zeige sie
Mir nun enthüllt bis übers Knie,
  Ich bin damit zufrieden."

Indessen

Indeſſen gieng's erbärmlich zu
    In Frau Sybillens Höhle;
Der Teufel ließ ihr keine Ruh', (*)
    Er beutelte die Seele
Der Armen aus dem Leibe ſchier,
Und drückt', und drängt, und preßt' an ihr', (**)
    Als wollt' er ſie erdroſſeln.

Und ſieh, der Teufel, der ſie ritt,
    Fieng ſtärker an zu rütteln,
Jemehr die Arme ſich bemüht,
    Ihn von ſich abzuſchütteln. (***)

(*) — — immanis in antro
   Bacchatur. — — — L. VI. v. 77.
(**) — — fingitque premendo
   Oſtia — — — L. VI. v. 80. ſeq.
(***) — — magnum ſi pectore poſſit
   Excuſſiſſe Deum: tanto magis ille fatigat.
                    L. VI. v. 78. ſeq.

Nach langem Kreissen endlich wird
Die Jungfrau glücklich akkouschirt
  Mit folgendem Orakel:

" Du wirst zwar Rom und Latien
  Auf allen deinen Reisen
So wenig, als Sankt Peter, sehn; (*)
  Und doch wird man dich preisen,
Daß du der erste einen Dom
Daselbst dir stiftetest, und Rom
  Zum Sitz der Päbste machtest. "

         " Auch

(*) — — — in regna Lavini
Dardanidæ venient — —
sed non & venisse volent. — —
     L. VI. v. 84. seq.

"Auch wird Tiber den Tyberstrom
    Mit Christenblute färben; (*)
Doch wirst du drum nicht minder Rom
    Vom Konstantinus erben.
Kömmt gleich in seinem Testament
Kein Wörtchen von dir vor, so nennt
    Dich doch das Alt' und Neue."

"Bey meinem Eid'! das Ding," versetzt
    Aeneas, "läßt sich hören;
Allein Madam, ihr müßt anjetzt
    Mir noch etwas gewähren:

Ich

―――――――――――――

(*) — — Bella, horrida bella
Et Tyberim multo spumantem sanguine cerno.
            L. VI. v. 86. seq.

Ich möchte, weil ich eben da
Die Höll' en mignature sah,
   Sie auch im Grossen sehen."

"Denn um nicht so durch Berg und Thal
   Auf eigne Faust zu laufen,
Will ich einst meine Reisen all
   Beschreiben und verkaufen;
Und dann wär's schlecht, hätt ich nicht auch
Mich in der Erde weitem Bauch
   Ein Bischen umgesehen."

"Es ist ja in den Tartarus
   Schon Herkules gedrungen,
Und auch der Fiedler Orpheus
   Hat sich hineingesungen.
                       Selbst

Selbst Pater Kochem war sogar
Schon in der Hölle, und der war
Doch nur ein Kapuziner!"

"Darum versehet mich zuvor
 Mit einem guten Passe,
Damit man mich am Höllenthor
 Frey durchpassiren lasse;
Ihr lebt ja mit dem Cerberus
Auf einem sehr vertrauten Fuß,
 Euch ist ja dieß was leichtes."

"Leicht ist zur Hölle das Entrée," (*)
 Versetzte sie betroffen,

"Und

(*) — — facilis descensus Averni.
L. VI. v. 126.

„ Und Tag und Nacht läßt Hekate
　　Ihr schwarzes Pförtchen offen; (*)
Doch wer in diese Gegenden
Hinein sich wagt, der mag auch sehn
　　Wie er herauskömmt wieder." (**)

" Doch willst du ungebraten denn
　　Dieß Reich mit mir betretten,
So ist dazu ein Schlüsselchen
　　Von Gold dir höchst vonnöthen;

　　　　　　　　　　　Denn

───────────────────────────────

(*) Noctes atque dies patet atri janua.
　　　　　　　　　　L. VI. v. 127.
(**) Sed revocare gradum — —
　　Hoc opus, hic labor est. — —
　　　　　　　　　L. VI. v. 128. seq.

Denn wiss', ein goldner Schlüssel ist
Ein wahrer passe-par-tout, er schließt
    Die Höll' auf, und den Himmel."

"Allein im Augenblick, als wir
    Von Höll' und Himmel sprachen,
Fuhr eben ein Kamrad von dir,
    Dem Teufel in den Rachen.
Er blies heut seinen letzten Baß;
Drum geh vorher noch heim, und laß
    Fein christlich ihn begraben."

Und als Aeneas heim kam, fand
    Er seinen Feldtrompetter
Ersäuft, das Glas noch in der Hand;
    Er war ein grosser Wetter

                    Im

Im Saufen: doch ein Reichsprälat
Soff ihn für diesesmal schachmatt,
 Und strafte seinen Frevel.

Sonst that er Wunder in der Schlacht,
 Und hatte manchem Hasen,
Der Rechtsumkehrteuch schon gemacht,
 Kourage zugeblasen;
Doch bey Aeneas blies er sich,
Als dieser Troja ließ im Stich,
 Die Schwindsucht an die Gurgel.

Um also nicht für undankbar
 Für all dieß zu passiren,
Ließ ihn der Held mit Haut und Haar
 Im Feuer destilliren,

Und

Und seine Trojer sammelten
Die Quintessenz des Seligen
   In einem grossen Weinfaß. (*)

Er aber selbst studirte sich
— Halbtodt indeß beyseite:
Was doch der goldne Dieterich
   Zu Plutons Reich bedeute.
Ihm wurmte dieß Geheimniß sehr,
Er sann darüber hin und her,
   Und konnt' es nicht ergründen.

                            Doch

(*) Ossaque lecta cado.
                   L. VI. v. 228.

Doch weil Frau Venus ihren Sohn
  Von je so auferzogen,
Daß ihm, bereits gebraten schon,
  Ins Maul die Vögel flogen;
So warf sie einen Beutel, der
Voll Gold war, vor ihm hin, daß er
  Nur drüber stolpern durfte.

Mit diesem Schlüssel in der Hand
  Sucht' er nun auf der Stelle
Voll Muth herum im ganzen Land
  Den Eingang in die Hölle.
Nach langem Suchen endlich roch
Er Schwefel, sieh! und fand das Loch
  Für seinen goldnen Schlüssel.

Die

Die Hölle riß sperrangelweit
  Das Maul hier auf, und gähnte,
Das man ihr bis ins Eingeweid'
  Hinabzusehen wähnte:
Dabey stieg Schwefeldampf und Rauch
Aus ihrem immervollen Bauch
  Empor in dicken Wolken.

Auch war so heiß ihr Athemzug,
  Daß drob die Lüfte glühten,
Und sich bloß im Vorüberflug
  Die Vögel alle brieten; (*)

(*) Spelunca alta fuit, vastoque immanis hiatu,
Quam super haud ullæ poterant impune volantes·
Tendere iter pennis.   L. VI. v. 237. seq.

Sie stank dabey so jämmerlich,
Daß selbst die Stern' am Himmel sich
    Die Nasen drob verhielten. (*)

Und litt sie dann von Zeit zu Zeit
    (Weil sie nichts pflegt zu käuen)
An einer Unverdaulichkeit,
    So fieng sie an zu speyen,
Als wie der Berg Vesuvius,
Und nur Sankt Januarius
    Konnt' ihr das Brechen stillen.

                                          " Du

(*) — — Talis sese halitus atris
  Faucibus effundens supera ad convexa ferebat.   L. VI. v. 240. seq.

"Du stehst, sprach itzt die Priesterinn
  Zu ihrem Kandidaten,
Den Rauchfang hier von dem Kamin,
  Wo die Verdammten braten:
Weg alle, die ihr ungeweiht,
Und nicht, wie wir, des Teufels seyd.
  Zurück von dieser Pforte!" (*)

"Du aber, dem der Himmel gab,
  Dieß Heiligthum zu finden,
Stich einen schwarzen Bock itzt ab (**)
  Für alle deine Sünden:

(*) — — Procul, o procul este profani!
                    L. VI. v. 258.
(**) — — atri velleris agnam.
                    L. VI. v. 249.

Besprenge dann vorsichtiglich
Mit Weihbrunn, und bekreuze dich,
    Und dann marsch fort zum Teufel!"

Sechstes Buch.

Zweyter Theil.

Inhalt.

Was für seltsame Abentheuer der fromme Held auf seiner Höllenfahrt bestand, und was er da alles an Augen, Nase und Ohren zu leiden hätt.

O du, der einst vom Höllenaas
  So wunderschön geschrieben,
Und bei dem Garkoch Satanas
  Die Kochkunst lang getrieben,

O Pater Kochem, grosser Koch!
Hilf mir die Höllenküche doch
    Nach Würden itzt beschreiben. (*)

Auf einer engen steilen Bahn,
    Die nie ein Stral besonnte,
Durch Finsternisse, welche man
    Mit Händen greifen konnte,
Kam unsre Madam Mentorinn
Mit ihrem Telemach bis hin
    Zur höll'schen Antischamber.

                      Des

(*) Sit mihi fas audita loqui.   L. VI. v. 266.

Des Pluto's Hofgesind war hier:
* Der Krieg sein Oberjäger,
Das hohe Alter sein Hatschier,
  Der Schmerz sein Wasserträger,
Der hagre Neid sein Vorstehhund,
Sein Postillon das Fieber, und
  Sein Leiblakey die Sorge.

Auch die Intoleranz war hier
  Als Pluto's Kammerheitzer,
Der Geitz sein Großallmosenier,
  Die Tyranney sein Schweitzer,
Die schwarze Lüge sein Friseur,
Die Schmeicheley sein Parfumer,
  Und dann der Tod — sein Kuppler

Und in des Vorhofs weitem Raum
  Sahn sie ein Bäumchen stutzen,
Es war ein Pfaffenkäppchenbaum;
  Denn er hieng voll Kaputzen:
Aus jeder sah mit langem Ohr
Ein mönchisch Vorurtheil hervor,
  Und wartete des Pflückers. (*)

Rund um den Baum her fanden sie,
Nicht ohne Furcht und Grauen,

Die

(*) In medio ramos annosaque bracchia pandit
  Ulmus opaca ingens, quam sedem somnia vulgo
  Vana tenere ferunt, foliisque sub omnibus
    hærent.   L. VI. v. 282. seq.

Die höllische Menagerie, (*)
  Gar gräßlich anzuschauen.
Zuerst ein Thier, halb Weib, halb Hund,
Das boll und biß und schäumt' am Mund,
  Genannt der Eheteufel. (**)

Und dann ein Monstrum, blind und dumm
  Mit hundert Eselsschwänzen,
Die, stutzt man sie, sich wiederum
  Im Augenblick ergänzen, (***)

                                Ein

(*) Multaque præterea variarum monstra fe-
       rarum.   L. VI. v. 285.
(**) — — Scyllæque biformes.
                        L. VI. v. 286.
(***) — — Bellua Lernæ.
                        L. VI. v. 286.

Ein Thier, so furchtsam, wie ein Haas,
Das nichts als Lukaszettel fraß,
　　Genannt der Aberglaube.

An dieses Thieres Brüsten sog
　　Ein Ungeheuer lange,
Wie Löwe grausam, geil wie Bock,
　　Und giftig wie die Schlange:
Dieß Thier, das oft die Kette riß,
Spie Feu'r, trank Menschenblut, und hieß
　　Der mönch'sche Fanatismus. (*)

　　　　　　　　　　　　　Hier

────────────────────────────

(*) — — Flammisque armata Chimæra.
　　　　　　　　　　　L. VI. v. 288.

Hier war auch König Geryon, der
    Sein Vieh mit Menschen speißte,
Dreyfaltig an Person, und sehr
    Einfältig doch am Geiste. (*)
Was ihn am meisten stäts gefreut,
War dieß, daß er zu gleicher Zeit
    Drey Weiber küssen konnte.

Und dann der Riese, der den Rath
    Der Götter einst verscheuchte,
Und dem der Riese Goliath
    Kaum an die Waden reichte.

(*) — — & forma tricorporis umbræ.
                  L. VI. v. 289.

Er war sehr stark, und gab daher
Auf einmal einst dem Jupiter
  Zweyhundert Nasenstieber. (*)

Auch die Harpyen fand der Held
  Hier mit erstauntem Blicke:
Sie kamen von der Oberwelt
  Itzt schaarenweis zurücke,
Und flogen hin nach Spanien,
Und andern wärmern Gegenden,
  Um Futter da zu suchen

Nun

(*) Et centumgeminus Briareus. — —
L. VI. v. 287.

Nun ließ der fromme Reisende
  Von da sich weiter führen:
Sie hatten itzt die höllische
  Kloake zu paſſiren.
Neunarmig floß allhier einher
Der Höllenkoth, (*) und ſtank ſo ſehr,
  Wie zu Berlin die Sprea.

Hier kam ein alter Murrkopf hart
  An's Land herangerudert,
Das Alter hatte ſeinen Bart
  Ihm ſchneeweiß eingepudert;

        Doch

(*) Turbidus hic coeno vaſtaque voragine
  gurges
Aeſtuat. — — L. VI. v. 296. ſeq.

Doch ließ er ihn zerrauft und dicht,
Und kämmt' und pflog und putzt' ihn nicht,
  Wie unsre Kapuziner. (*)

Ein Sack, so alt und grob, als er,
  Bedeckte seine Blöße,
Sein Ruder war ein knottiger
  Portierstock, seltner Größe,
Er war hier Bootsknecht und Portier, (**)
Und drum ein gröſſrer Flegel schier,
  Als selbst ein Klosterpförtner.

(*) — — cui plurima mento
Canities inculta jacet. — —
    L. VI. v. 299. seq.
(**) Portitor — —
    L. VI. v. 298.

Unzählbar, gleich den Häringen,
    Die in gedrängten Schaaren
In's Fischnetz der holländischen
    Großhäringskrämer fahren,
So drängten hier sich haufenweis
Die armen Seelen um den Greis,
    Und schrieen: Ueberfahren!

Da sprach der Held zur Priesterinn:
    "Was soll dieß Lamentiren?
Ich glaube gar, sie bitten ihn
    Sie über'n Dreck zu führen?
Und wie's hier stinkt, als häufte da
Sich all die Assa foetida
    Der Höll' und Himmelsgötter."

„ Hier ist, erwiederte Madam,
 Aus allen Höllenflüssen
Der schrecklichste, bey dessen Schlamm
 Die Götter schwören müssen:
Sie kennen keinen andern Schwur;
Denn wahre Götter schwören nur
 Bey ihren Exkrementen.

„ Doch hier den Schlagbaum, der den Strom
 Mit einem Zoll beleget,
Den hat die Datarie zu Rom
 Hier Orts sich angeleget:
Weil man bekanntlich ohne Geld,
Mit Ehren, weder in die Welt
 Noch aus der Welt kann reisen,"

       „ Da

„ Da zahlt nun jeder Paſſagier,
    Will er hier anders weiter,
Zwey Pfenninge zur Mautgebühr
    Dem Seelenüberreiter,
Der da ihn viſitiren muß,
Und darum auch DiObolus
    Romanæ rotæ heiſſet."

„ Doch der Zurückgelaſſenen
    Unzähliges Gewimmel
Schwebt lange, gleich Amphibien,
    Hier zwiſchen Höll' und Himmel,
Und ſinget: Miſeremini!
Bis ſich wer findet, der für ſie
    Ein paar Siebzehner zahlet." —

Es fand auch Palinur sich hier,
  Der kam und sprach: " O lieber
Aeneas, schwärze mich mit dir
  Den Höllenfluß hinüber! (*)
Ich bin sehr klein itzt, schnupfe mich
Als Schnupftabak, und schneutze dich
  Am andern Ufer wieder."

Allein die Alte sprach: " Laß ab,
  So was von uns zu flehen,
Und warte, bis an deinem Grab
  Drey Wunder sind geschehen,

Und

───────────────────────────────

(*) Da dextram misero, & tecum me tolle
       per undas.   L. VI. v. 370.

Und man dich förmlich einst plombirt,
So. wird dein Leib, schön ausstaffirt,
 Auf einem Altar prangen." (*)

Doch Charon, der die Reisenden
 Itzt sah, sieng an zu fluchen,
Und rief: " Was habt, ihr Laffen, denn
 In unserm Reich zu suchen?
Meint ihr die höll'sche Camera
Obscura sey für euch nur da,
 Um drinn herum zu schniffeln?"

      " Da

(*) Nam tua finitimi longe lateque per urbes
 Prodigiis acti coelestibus, ossa piabunt,
 Et statuent tumulum & tumulo solemnia mit-
  tent.   L. VI. v. 378. seq.

" Da kömmt nun alle Augenblick'
  Ein Schnapphahn voller Quinten
Zu uns herab, sucht hier sein Glück,
  Begafft uns vorn und hinten,
Sieht dann nach seiner Oberwelt,
Und läßt von uns für theures Geld
  Infame Lügen drucken. "

" Der eine malt uns Teufel weiß,
  Der andre schwarz, wie Mohren,
Der findet unsre Hölle heiß,
  Der andere gefroren;
Der bringt aus Furcht uns Opfer dar,
Und jener nennt uns offenbar
  Popanze für die Kinder. "

"Der sagt, wir wären wasserscheu
　　Als wie die tollen Hunde,
Und der wirft Seelenmäcklerey
　　Uns vor mit frechem Munde;
Der giebt uns Schwänz' und Pferdehaar',
Und jener sagt, wir sähen gar
　　So aus, wie eure Hahnrey."

So schnurrte sie der Alte an:
　　Allein sein Zorn war eitel;
Denn flugs griff unser fromme Mann
　　In seinen seidnen Beutel,
Und sprach: "Ihr werdet durstig seyn,
Da habt ihr auf ein Paar Maaß Wein;
　　Geht, Alter, führt uns über!"

Wer schmiert, der fährt zu Land und See;
  Denn sieh! der graue Schimmel
Nahm willig itzt die alte Fee,
  Und unsern grossen Lümmel (*)
In seinen Kahn, ein kleines Ding,
Das leck schon war, und Wasser fieng,
  Als wie ein alter Stiefel. (**)

Das Wasser drang itzt in den Kahn
  Durch manche grosse Lücke;
Da frug der Held voll Angst, ob man
  Das alte Zeug nicht flicke? —

                                        Doch
_____

(*) — — Simul accipit alveo
  Ingentem Aeneam.   L. VI. v. 412. seq.
(**) — — gemuit sub pondere cymba
  Sutilis — —   L. VI. v. 413. seq.

Doch Charron sprach: Seit, wie ihr wißt,
Die Ueberfahrt verpachtet ist,
    Wird nichts mehr repariret."

Sie kamen dennoch endlich wohl,
    Behalten über'n Strudel;
Allein am andern Ufer boll
    Ein grosser schwarzer Pudel:
Der hält hier Wache auf der Streu,
Und zwickt die Seelen, die vorbei
    Paffiren, in die Waden.

Schon wollt' Aeneas zitternd sich
    Vor diesem Hund verstecken;
Allein Madam rief: " Kusche dich!"
    Und warf ihm ohne Schrecken

Ein frisches Agnus Dei vor: (*)
Und sieh! der Pudel hieng das Ohr,
    Und kroch in seine Höhle.

Die Vorhöll war der erste Ort,
    Den sie besahn in Eile:
Die kleinen Kinder hatten dort
    Erbärmlich Langeweile,
Und weinten drum, hieher gebannt:
Im hohen kläglichen Diskant
    Ein unaufhörlich Tutti. (**)

                              Sie

(*) — — — offam
  Objicit — — —   L. VI. v. 440. seq.
(**) Infantumque animæ flentes in limine
  primo   L. VI. v. 427.

Sie hielten hier nicht lang sich auf,
  Verliessen das Gewimmer
Von Kindern und erblickten drauf
  In einem schwarzen Zimmer
Das hochnothpeinliche Gericht,
Wo man den Seelen 's Stäbchen bricht,
  Und sie justificiret.

Sie mischten da sich in die Schaar',
  Und sahn und hörten manches:
Als Richter saß hier Eskobar,
  Und Busenbaum, und Sanches.
Dabey befand, als Auskultant,
Mit taubem Ohr und offner Hand
  Sich ein Auditor Rotæ.

Hier

Hier schrieb auf eine Eselhaut
    Ein Teufel alle Sünden,
Und dorten mußt' ein andrer laut
    Die Sündentax verkünden:
Wie theuer nämlich Hurerey,
Und Meuchelmord, und Blutschand sey,
    Um absolvirt zu werden.

Klement, der Königsmörder, ward
    So eben vorgeführet,
Er ward in ihrer Gegenwart
    Summarisch inquiriret:
Und sieh! man absolvirt den Wicht,
Und zweifelt noch, ob man ihn nicht
    Auch heilig sprechen sollte.

                                Drauf

Drauf wurde dem Triumvirat
 Herr Werther vorgeführet, (*)
Und von dem höllischen Senat
 Sehr scharf examiniret;
Die Herr'n votirten drauf, und da
Ward er per unanimia
 Dem Teufel übergeben.

Hierauf kam eine Frau, die so
 In ihren Sohn entbrannte,
Daß sie, weil dieser vor ihr floh,
 Den Dolch ins Herz ihm rannte; (**)
  Doch

(*) — — — qui sibi lethum
 Insontes peperere manu. — —
  L. VI. v. 434. seq.
(**) — Phaedram — —
  L. VI. v. 445

Doch weil sie fromm gestorben war,
So durfte sie nur auf ein Jahr
　　Den Höllenschorstein fegen.

Dann eine andre, die ihr Mann
　　Durch Geld zum Fall einst brachte,
Der als verkleideter Galan
　　Sich selbst zum Hahnrey machte; (*)
Die kriegte, weil der Wille zwar
Sehr schlecht, doch ächt der Partus war,
　　Nur sieben Vater unser.

　　　　　　　　　　　Hierauf

─────────────────────
(*) — — Procrinque — —　L. VI. v. 445.

Hierauf Madam Eryphyle,
  Die nicht viel besser dachte,
Und eine zweyte Bethsabee
  An ihrem Ehmann machte: (*)
Die wurde, weil ihr Herr Galan
Ein König war, dem Urian
  Auf ewig überliefert.

Drauf kam Evadne, die sich kühn
  Das Leben einst verkürzte,
Und sich zu ihrem Ehmann in
  Den Scheiterhaufen stürzte; (**)

                    Auch

(*) — — moestamque Erypbylen.
              L. VI. v. 445.
**) Evadnemque — —
              L. VI. v. 447.

Auch dieſer ward mit ſcharfem Ton,
Daß ſie der Inquiſition
    Ins Handwerk griff, verwieſen,

Und dann Laodamia, die
    Mit ihres Mannes Schatten
Sich noch aus lauter Sympathie
    Verſuchte zu begatten; (*)
Doch weil ſie um Vergebung bat,
So ſprach Herr Sanches " Tranſeat!
    Sie war in der Verzückung." —

                              Aeneas

---

*) — — — His Laodamia
  It comes — —   L. VI. v. 447. ſeq.

Aeneas schlich sich fort, noch eh
  Die Herrn ihn observirten,
Und kam itzt in die Seufzallee,
  Wo die Verliebten girrten. (*)
Es wehten hier nur Seufzerchen,
Und auf den Blumen zitterten,
  Anstatt des Thaues, Thränen.

Hier mußt' ein armer Seladon
  Die Hosen durch sich knieen,
Da war ein Donquischottchen schon
  Bereit sie auszuziehen;

Dort

(*) — quos durus amor crudeli tabe peredit.
          L. VI. v. 442.

Dort stand Petrark, der arme Narr,
Und sah, wie Laura sich ihr Haar
  In seine Lieder wickelt.

Auch die verlaßne Dido fand
  Aeneas hier in Thränen.
Er küßte zärtlich ihr die Hand,
  Und wollte sie versöhnen:
Doch die erzürnte Schöne griff
Nach einer Nadel, und da lief
  Der Held, so weit er konnte.

Und nun begegnet' ihm voll Schmerz
  Sichäus, Dido's Gatte,

Mit welchem er einſt Dido's Herz
  Und Bett halbiret hatte. (*)
Der Held erkannte ihn mit Müh':
Denn ach, er ſah euch aus, als wie
  Der Mond im erſten Viertel. (**)

Nun kam er endlich zur Parthey
  Der Helden, die im trüben
Und langen Kampf mit Tyranney
  Und Aberglauben blieben,

Und

(*) — — aequatque Sichæus amorem.
                    L. VI. v. 474.
(**) — qualem primo qui ſurgere menſe
  Aut videt, aut vidiſſe putat per nubila lunam.
                    L. VI. v. 453. ſeq.

Und welche der Verfolgung Hand
In diese Gegend hergebannt,
    Um da nun auszuschnaufen.

Viel ruhiger als in Paris
    Schlief hier bey seinem Bruder
Der Hugonott und Luther hieß
    Hier nicht zum Spott ein Luder:
Und, frey vom blutigen Komplot,
Aß ruhig hier sein Vesperbrod
    Der Franzmann mit dem Wälschen.

Und hier ereiferte gewiß
    Sich kein zelot'scher Schreyer
Domingo's für den Glauben bis
    Zum Scheiterhaufenfeuer.

Im Kühlen giengen hier einher
Die frischgebratnen Martyrer
 Aus Lissabon und Goa. (*)

Kein Synodus ließ hier den Huß
 Die Finger mehr verbrennen,
Hier durfte sich Febronius
 Bey seinem Namen nennen;
Und auch der ehrliche Iean Jacques
Sucht' hier, ohn' allen Schabernack,
 Nach Wahrheit und nach Kräutern. —

(*) —— —— falso damnati crimine mortis.
L. VI. v. 430.

Indeß stach schon die Sonn' erhitzt
  Die Menschen auf die Köpfe,
Und guckte durch den Schornstein itzt
  In ihre vollen Töpfe. (*)
Da sprach Sybille: " Schon zwölf Uhr
Vorbey, und wir sind immer nur
  Noch in der höll'schen Vorstadt? "

" Du stehst hier, fuhr sie fort, vor dir
  Zween wohlbetrettne Pfade:
Der gehet nach Elysium hier,
  Und jener führt gerade

                              Zur

(*) —— —— roseis Aurora quadrigis
  Jam medium aethereo cursu trajecerat axem.
                L. VI. v. 535. seq.

Zur grossen Tartarey uns hin, (*)
Wo Luzifer von Anbeginn
   Als Tartarchan regieret."

Der Held sprach: "Zeigt mir vor der Hand
   Die höllischen Kallmucken:
Daß himmlische Schlaraffenland
   Will ich hernach begucken."
Da führte nun die Priesterinn
Zur Teufelsburg den Helden hin,
   Die sieben Thore hatte.

(*) — — — ad Tartara mittit.
               L. VI. v. 543.

Am ersten Thore fieng man schon
  Die Trommel an zu rühren,
Und eine ganze Légion
  Von höll'schen Grenadiren
Macht' unsern beyden Fremdlingen
Parade mit hellglühenden
  Kanonen auf der Schulter.

Sie waren equipirt, als wie
  Gewöhnliche Soldaten,
Nur mit dem Unterschied, daß sie
  Die Zöpf' am Hintern hatten:
Sie waren roth und schwarz dazu
Montirt, ganz a la Marlborough,
  Wie unlängst unsre Damen.

Sie präsentirten das Gewehr
  Vor unserm frommen Helden,
Und dieser ließ bey Luzifer
  Als Reisender sich melden;
Der war so gnädig, und befahl
In seinem Zuchthaus überall
  Ihn frey herum zu führen.

Die grosse Höllenküche sah
  Der Held nicht ohne Rezung.
Viel tausend Hände waren da
  So eben in Bewegung,
Um für des Satans leckere
Gefräßigkeit ein groß Soupé
  Auf heute zu bereiten.

Als Oberküchenmeister stand
 Mit einem Herz von Eisen
Hier Pater Kochem, und erfand,
 Und ordnete die Speisen.
Er gieng beständig hin und her,
Und kommandirt' als Oberer
 Das Küchenpersonale.

Hier soll man Wuchrerseelen weich,
 Dort wurden Advokaten
Gespickt, da sah man Domherrnbäuch'
 In grossen Pfannen braten!
Und dort stieß man zu köstlichen
Kraftsuppen die berühmtesten
 Genies in einem Mörser.

         Hier

Hier böckelt man Prälaten ein,
 Dort frikassirt man Fürsten,
Da hackt man grosse Geister klein
 Zu Cervellate = Würsten;
Da hängt man Schmeichler in den Rauch,
Und räuchert sie, dort macht man auch
 Aus Kutscherseelen Rostbeef.

Hier steckt ein Aristoteles
 Im Kohl bis an die Füsse,
Und dort dreht sich Origenes
 Als ein Kapaun am Spiesse:
Daneben kräht ein Rezensent,
Und aus den süssen Herrchen brennt
 Man dorten Zuckerkandel.

Der richtet feige Memmen zu,
    Und brät sie wie die Hasen,
Der kocht ein köstliches Ragout
    Aus lauter Schurkennasen:
Der giebt ein paar Tyrannen hier
Mit Menschenblute ein Klystir,
    Und macht aus ihnen Plunzen.

Hier bäckt man feines Butterbrod
    Aus weichen Mädchenseelen,
Statt Krebsen siedet dort sich roth
    Ein Schock von Kardinälen;
Der macht Gelée aus Witzlingen,
Und dort hofiert ein Teufelchen
    Als Bock Diabolini.

Zu diesem Mahl ließ Luzifer
　　Den frommen Helden laden;
Allein Aeneas dankte sehr
　　Für alle diese Gnaden,
Und exkusirte sich damit:
Er habe seinen Appetit
　　Auf lange Zeit verlohren.

Ohn' also hier auf Appetit
　　Nach Höllenfleisch zu warten,
Gieng er, um Luft zu schöpfen, mit
　　Madam in Satans Garten.
Sie fanden ihn abscheulich schön,
So gut war mit dem Gräßlichen
　　Das Schöne hier vereinigt

Der Hölle siebenfache Nacht,
  Die nie ein Thau befeuchtet,
Was hier in fürchterlicher Pracht
  Mit Bonzenfett erleuchtet.
Ein Stück Illumination,
Das manche schwere Million
  Den Christen schon gekostet.

Die wunderschönsten Blumen sah
  Man in den Blumenbeeten:
Als Teufelsaugen glühten da
  Leichtfertige Koketten,
Und dort saß ohne Zopf und Schopf
Ein Stutzerchen als Todtenkopf
  Auf einem Teufelsabbiß.

Die Damen, die dereinſt die Scham
    In Büchschen bey ſich führten,
Und ſie, wenn ſie die Luſt ankam,
    Sich auf die Wangen ſchmierten,
Sah man als Feuerroſen hier,
Und ach! ſie überglühten ſchier
    Das Abendroth der Hölle.

Hier winkten alte Jüngferchen
    Umſonſt als Herbſtzeitloſen,
Da wiegten ſich Miſtkäferchen
    Auf feilen Skabioſen,
Dort paradirten Könige,
Mätreſſen, Grafen, Herzoge
    Als Amſterdamer Tulpen.

Hier auf den Bäumen zitterten
    Statt Espenlaub Soldaten,
Die einst sich aus dem feindlichen
    Gedräng geflüchtet hatten:
Und statt der Nachtigallen plärt
Im tausendstimmigen Konzert
    Ein Mönchschwarm dort die Mette.

Allein nichts glich den Statuen,
    Die hier sich liessen sehen:
Man sah hier die lebendigen
    Originale stehen
Von Leuten, die die Oberwelt
In Copia für theures Geld
    Auf Postamenten ehret.

Die

Die Männer, die in's schwarze Buch
   Der Menschheit sich durch Thaten,
Belastet mit der Erde Fluch,
   Einst eingeschrieben hatten,
Die sah' man hier auf feurigen
Piedestallen glühend stehen,
   Sich selbst zum ew'gen Denkmal.

In grosser Glorie stand da
   Mit seiner frommen Schwester
Pachomius, der Urpapa
   Der Mönch= und Nonenklöster,

Und

(*) Ausi omnes immane nefas.   L. VI. v. 624.

Und trug, zur Erde tief gebückt,
Und wie vom schwersten Stein gedrückt, (*)
    Den Fluch von Millionen.

Dann auch die bösen Päbste, die,
    Um Blut nicht zu vergiessen,
Am Feuer der Orthodoxie
    Die Ketzer braten liessen;
Als ewiges Auto=da=fe
Stand drum hier auch der spanische
    Mordbrenner, Sennor Brandthurm. (**)

Der

(*) Saxum ingens volvunt alii — —
                  L. VI. v. 616.
(**) Turrecremata.

Der erste Menschenjäger, der
    Gleich Thieren Menschen jagte,
Der erste weisse Teufel, der
    Die armen Negern packte,
Die standen beyde glühend hier,
Und riefen laut: " Ihr Schinder, ihr!
    Lernt doch das Jus naturæ! " (*)

Herr Höllenbrand, (**) der einst die Herrn
    Im schwarzen Rock so plagte,
Und selbst der Liebe Predigern
    Das Lieben untersagte,

(*) Discite justitiam! —   L. VI. v. 620.
(**) Nec non & *Tytion* —   L. VI. v. 595.

Der lag auf einem Felsen hier,
Und ach! der Geyer der Begier
    Frißt ewig ihm am Herzen. (*)

Und als ein zweyter Jupiter,
    Mit nachgemachten Blitzen, (**)
Mußt' hier auf seinem Throne sehr
    Ein Franziskaner schwitzen

                                Für

(*) — — per tota novem cui jugera corpus
Porrigitur, roftroque immanis vultur obunco
Immortale jecur tundens, foecundaque poenis
Viscera, rimaturque epulis, habitatque sub
    alto
Pectore, nec fibris requies datur ulla renatis.
                    L. VI. v. 596. seq.
(**) Vidi & crudeles dantem Salmonea poenas,
Dum flammas Jovis & sonitus imitatur Olympi,
                L. VI. v. 585. seq.

Für das erfundne Pulverchen,
Das Menschen frißt zu tausenden,
    Und schwarz ist, wie sein Name.

Auch Tonti, der die Sterblichen
    Das Lottospielen lehrte,
Und durch getäuschte Hoffnungen
    Der Menschen Elend mehrte,
Den lehrte hier Tisiphone
Mit einer Ruthe bessere
    Aequationen machen.

Und der zum feindlichen Duel
    Der Zeit, die lang ihm worden,
Die erste Karte als Kartel
    Geschickt, um sie zu morden,

Der spielte mit der Ewigkeit
Hier um den letzten Stich schon seit
    Mehr als vierhundert Jahren.

Madam Sorel, die einst im Haar
    Den ersten Schmuck getragen,
Und auch Kleopatra, die gar
    Einst Perlen trug im Magen;
Die büßten ihre theure Lust,
Und trugen hier um Hals und Brust
    Die schönsten Feuersteine.

Doch als sie weiter einen Mann
    An Ohren, Nas' und Armen

Verstümmelt und zerrissen sahn, (*)
  So frug ihn voll Erbarmen
Der Held: "Du armer Narr, was hast
Denn du gethan? Du bist ja fast
  Wie Marsyas geschunden!"

"Ich bin ein Jesuit, sprach er,
  Der Klassiker edirte,
Doch jeden dieser Herr'n vorher
  Mit frommer Hand kastrirte;

(*) — — laniatum corpore toto
  Deiphobum vidit, lacerum crudeliter ora,
  Ora, manusque ambas, populataque tempora
      raptis
  Auribus, & truncas inhonesto vulnere nares.
              L. VI. v. 494.

Und wie ich den Ovidius
Der Welt gab, so verstümmelt muß
   Ich hier mich produeieren.

Allein nichts fand er gräßlicher
   Im ganzen Höllengrunde,
Als eine Koppel wüthiger
   Ergrimmter Fleischerhunde,
Die mit heißhungriger Begier
Aus einem Menschenschädel hier
   Das Hirn, ganz warm noch, fraßen.

" Wer sind denn diese Bestien, "
   Begann der Held zu fragen:
" Die hier zu ganzen Dutzenden
   An einem Schädel nagen?

Und ach! wer ist der arme Tropf,
Der den Kanalsen seinen Kopf
  Zum Futter geben mußte?"

"Nachdrucker sind (erwiederte
  Sybille) diese Hunde,
Das aller unverschämteste
  Gezücht im Höllenschlunde,
Das stäts nur nach Autoren jagt,
Die Armen bey den Köpfen packt,
  Und ihr Gehirn verzehret."

"Auch ich versetzt Aeneas, bin
  Nicht sicher vor den Thieren"
Und ließ von seiner Priesterinn
  Sich eilends weiter führen.

Madam Sybille gieng voraus,
Und wies ein grosses Vogelhaus
   Ihm in dem Höllengarten.

Hier fand der Held die ganze Schaar
   Der Aner, Iner, Isten
In einem Käfig, unzählbar,
   Als Papageyen nisten:
Sie disputirten allerhand,
Wovon der Held kein Wort verstand
   Als hie und da ein — "Spitzbub!"

Drauf sah der Held am Ende noch
   Auf einem Haufen, grösser
Als der vom Römer=Mist, jedoch
   Nicht um ein Härchen besser,

                      Das

Das übrige hier modernde
Und täglich sich vermehrende
 Auskehricht unsrer Erde.

Und sollt' ich, liebe Damen, um
 Die Zeit euch zu vertreiben,
Euch all den Mist, der hier herum
 Beysammen lag, beschreiben, (*)

        So

(*) Non, mihi si linguæ centum sint, oraque
   centum,
 Ferrea vox, omnes scelerum comprendere
   formas,
Omnia pœnarum percurrere nomina possim.
     L. VI. v. 625. & seq

So müßtet ihr zum mindeßen
Dazu mir eure Züngelchen,
 Die nie ermüden, leihen.

Sechstes Buch.
Dritter Theil.

Inhalt.

Wie der theure Held nach Elysium kam, um seinen Vater heimzusuchen, und was er da für Wunderdinge sehen und hören thät.

Voll Schrecken, Angst und Furcht verließ
    Der Held den Ort der Buße,
Und kam itzt in das Paradies
    Der ewig frohen Muße,
Wo man, auf Rasen hingestreckt,
So ganz die süsse Wonne schmeckt:
    Des sel'gen Far niente.

                              Hier

Hier trug um jede Jahreszeit
  Das Firmament, zur Freude
Der Herrn Elyster, ein Kleid
  Von himmelblauer Seide,
Mit sanftem Purpurroth verbrämt, (*)
So wie wenn sich ein Mädchen schämt
  Bey offenen Gardinen.

Das Wasser war hier Milchkaffee,
  Das Erdreich Chokolade,
Gefrornes aller Art der Schnee,
  Die Seen Limonade,

                                Der

―――――――――――――――
(*) Largior hic campos aether, & lumine vestit
  Purpureo. ― ―   L. VI. v. 640. seq.

Der Rasen lauter Thymian,
Die Berge Zuckerhüt' und dran
Die Felsen Zuckerkandel.

Champagner, Sekt und Meth sah man
An den Kaskaden schäumen,
Es wuchsen Torten, Marzipan
Und Krapfen auf den Bäumen,
Die Flüsse führten Wein und Bier,
Und Maulwurfshügel waren hier
Die köstlichsten Pastetten.

Gebraten kömmt hier ein Fasan,
Das Sauerkraut zu zieren,
Gespickt läuft dort ein Has' heran,
Und fleht ihn zu trenchiren.

Hier legt die Henn' auf den Salat
Ihr Ey, dort wälzt ein Schwein, anstatt
    Im Koth, sich in der Sauce.

Hier kriegt ein armer Schüler, statt
    Des Brods, Prälatenfutter,
Da haut ein wackerer Soldat
    Sich ein in Käs' und Butter,
Dort schifft ein Admiral daher
Auf einem ganzen rothen Meer
    Von köstlichem Burgunder.

Gold gab's, wie Mist, und doch hieß man
    Hier niemand ihro Gnaden:
Die Bankozettel brauchte man
    Nur auf den Retiraden,

                      Und

Und o', Brillanten trug man hier
An jedem Finger, grösser schier,
    Als unsre Quatersteine.

Man sah hier Menschen aller Art:
    In Jacken und Soutanen,
Mit langem und geschornem Bart,
    Mit Mützen und Turbanen,
Mit Hüten von verschiednem Schnitt,
Doch ach! sehr wenige nur mit
    Birreten und Tiaren.

Hier flochten Jungfern einen Kranz
    Der Jungferschaft zu Ehren,

Da hüpften sie im Reihentanz
  Bey der Musik der Sphären, (*)
Dort zog ein frommer Ehemann
Die Ehstandshosen wieder an,
  Die einst sein Weib getragen.

Hier schmauchen Solon, Wilhelm Penn,
  Confuz und Zoroaster,
Und Montesquieu beym himmlischen
  Bierkrug ihr Pfeifchen Knaster,
Und lesen dann, wenn ihnen sehr
Die Zeit lang wird, den Erlanger,
  Und Schlözers Staatsanzeigen.

Sankt

(*) Pars pedibus plaudunt choreas, & carmina
      dicunt. —   L. VI. v. 644.

Sankt Locke hier anatomirt
> Bis auf die ersten Keime
Die Wahrheit, dort realisirt
> Sankt Plato seine Träume,
Da lehret und katechisirt
Sankt Sokrates, und dirigirt
> Die himmlische Normalschul.

Hier singt beym frohen Dichtermahl
> Anakreon Gleims Lieder,
Und dort umarmen Juvenal
> Und Swift sich als zween Brüder,
Da stimmt man Klopstocks Hymnen an,
Dort trinkt Horaz und Luzian
> Auf Wielands Wohlergehen.

Hier disputiret über Wahn
　　Sankt Pyrrho mit Sankt Lessing,
Und da begleitet Ossian
　　Mit seinem Horn von Messing
Ein Lied von Kleist, dort greift Homer
An seiner Harfe hin und her,
　　Und singet die Lenore.

Hier kann an einer Opera
　　Sich Ohr und Auge weiden,
Da spielet Sankt Cecilia
　　Ein groß Konzert von Hayden,
Und dorten singen Engelchen
In Mara's Ton, und Gluckischen
　　Akkorden Alleluja. —

Drauf sahn sie noch die himmlischen
    Und grossen Raritäten:
Als — Pfarrer ohne Köchinnen
    Allein in keuschen Betten, (*)
Poeten ohne Eitelkeit, (**)
Dann Reiche, die das Geben freu't, (***)
    Und Fürsten ohne Buhlschaft.

Und alle diese Glücklichen,
    Die unter Edens Bäumen
Hier, frey von allen Kränkungen,
    Die Ewigkeit durchträumen,

(*) Quique Sacerdotes casti.   L. VI. v. 661.
(**) Quique pii vates.   L. VI. v. 662.
(***) Quique sui memores alios fecere merendo.   L. VI. v. 664.

Sie giengn hier en negligé,
Und hatten musselinene
 Schlafhauben auf den Köpfen. (*)

Nun dacht' Aeneas erst daran,
 Anchisen nachzufragen.
Er frug den nächsten besten Mann:
 " Kann mir der Herr nicht sagen,
Wo hier mein Herr Papa logirt?
Er hat hieher mich invitirt,
 Und heißt: Herr von Anchises. "

       Der

(*) Omnibus his nivea cinguntur tempora
  vitta.   L. VI. v. 665.

» Der wohnt im Wirthshaus dort, wo man
    Den besten Lethe schenket,
Der so besoffen machen kann,
    Daß man an nichts mehr denket:
Die Seelen, welche von hier fort
Marschiren müssen, trinken dort
    Noch den Johannissegen. « (*)

Aeneas lief in's Wirthshaus hin,
    Genannt zur goldnen Tonne,
Und kaum erblickt Anchises ihn,
    So rief er voller Wonne:

(*) — — Lethæi ad fluminis undam
Securos latices, & longa oblivia potant.
        L. VI. v. 714. seq.

" Nu, bist du endlich einmal da? (*)
Schon glaubt' ich dich in Lybia
 So gut als eingeböckelt! " (**)

" Ich habe dich hieher citirt,
 Um dir, was aus den Racen
Der Römer einst noch werden wird,
 In nuce sehn zu lassen. (***)
Drum komm auf den Altan zu mir
Herauf, mein Sohn, ich will dir hier
 Die künft'gen Römer zeigen. " (****)
        " Sieh

(*) Venisti tandem — L. VI. v. 687.
(**) Quam metui, nequid Lybiæ tibi fata nocerent.   L. VI. v. 694.
(***) — qui maneant Itala de gente nepotes,
 Expediam dictis. — L. VI. v. 757. seq.
(****) — — Hanc aspice gentem
 Romanosque tuos. — L. VI. v. 788. seq.

"Sieh da auf jene Wiese hin:

Zween Knaben, die sich baxen, (*)

Die werden, ehe noch am Kinn

Die Haare ihnen wachsen,

Dereinst an deiner Römer Hof —

Der als ein kleiner Erzbischoff, (**)

Und der als Bischoff glänzen. (***)

"Den

(*) Qui juvenes quantas oftentant afpice vires.
L. VI. v. 771.

(**) Herbert Graf von Vermandois ließ i. J. 925. seinen Sohn Hugo, der noch kaum 5 Jahr alt war, zum Erzbischoff von Rheims erwählen, und Pabst Johann X. bestättigte diese Wahl.

(***) Pabst Sixtus IV. bewilligte Alphonsen, einem unächten Sohn Frrdinands, Königs von Arragonien, ehe er noch 6 Jahre hatte, das Bißthum von Saragoffa.

" Dem wird das Pabstthum sein Paps
  Einst erblich hinterlassen, (*)
Und den wird seine Frau Mama
  Zum Pabsten machen lassen,
Eh' er in's Mannesalter tritt, (**)
Und dem dort küßt man gar schon mit
  Zwölf Jahren den Pantoffel. " (***)

" Der hier wird einst die weltlichen
  Monarchen imitiren,

Und

(*) Pabst Silverius war ein Sohn des Pabstes Hormisdas.

(**) Die mächtige Marozia ließ bekanntlich i. J. 931. ihren Sohn, der noch nicht 25 Jahre hatte, unter dem Namen Johann des XI. zum Pabsten erwählen.

(***) Benedikt IX. war, als man ihn i. J. 1033. zum Pabsten wählte, nicht älter, als 12 Jahre.

Und sich der erste für Souvrain,
   Gleich ihnen, deklariren, (*)
Ja, was kein König prätendirt,
Sogar sein eigner Vater wird
   Papa ihn schelten müssen." (**)

" Der hier wird einst den Erdenball
   Mit Abfahrtgeld besteuern, (***)
Und der die Woche ein paarmal
   Den Stockfisch sehr vertheuern:

                              Dort

―――――――――――――――――

(*) — Regem regumque parentem.
                       L. VI. v. 765.
(**) Theodor I. war der erste, der sich Summus Pontifex nennen ließ, und der letzte, den seine Mitbischöffe Bruder nannten.
(***) Klemens V. Urheber der Annaten.

Dort dein Herr Namensvetter wird,
Wenn er dereinst in Rom regiert, –
Nach dir sich Pius nennen." (*)

" Der wird mit Dispensation
Und Indulgenzen handeln,
Und jede Absolution
In baares Geld verwandeln, (**)

Und

(*) — — Et qui te nomine reddet
Sylvius Aeneas — L. VI. v. 758. seq.
(**) Leo X. und vornehmlich Johann XXII. Unter ihm entstanden die Taxæ Concellariæ apostolicæ, & pœnitentiariæ apostolicæ, die i. J. 1514. in Rom, und nachher oft und vielmal, ja erst noch i. J. 1744. in 12. gedruckt wurden.

Und der dort mit dem Judashaar
Verschachert dir dereinst sogar
    Die päbstliche Tiare. (*) "

"Auf den hier harrt ein schrecklicher
    Krieg über die Kapuzen: (**)
Dort unter dem wird man nicht mehr
    Die Engelländer stutzen: (***)

                      Von

(*) Benedikt IX. trat Gregorn VI. das Pabst-
thum für eine Summe von 1500 Livres
Deniers ab.
(**) Johann XXII.
(***) Dieß ward unter Pabst Hadrian i. J.
787. verboten.

Von dem, der hier Toback schnupft, wird
Der Schnupftoback einst kondemnirt, (*)
  Von jenem dort die Bibel." (**)

"Doch sieh! dort zeiget sich am Strom
  Ein Mann von seltnen Gaben;
Denn dieser Lieutenant von Rom (***)
  Wird einst die Keckheit haben,
Mit einer Hand die Mächtigen
Der Erd', und mit der anderen
  Den Himmel selbst zu packen. (****)

"Er

(*) Urban VIII.
(**) Gregor IX.
(***) Bonifaz VIII.
(****) En hujus, nate, auſpiciis illa inclyta
    Roma
  Imperium terris, animos aequabit Olympo.
        L. VI. v. 781. ſeq.

„ Er hält wie Jupiter die Welt,
　　Mit seinen Augenbrauen,
Und wird, wohin sein Blick nur fällt,
　　Zerstören oder bauen;
Denn sieh nur, sieh! die mächtige
Gebogne Naf', und drauf die Ple-
　'nitudo Potestatis.

„ Er wird sich eine zweyte Kron'
　　Um seine Kappe winden, (*)
Und dann sich eine Ruthe von
　　Gestähltem Eisen binden,

　　　　　　　　　　Damit

(*) — Viden', ut geminæ fient vertice cristæ;
　　　　　　　　　L. VI. v. 779.
Bonifaz VIII. umgab die päbstliche Tiare mit
einer zweyten Krone.

Damit wird er, wie irdene

Gefäße, dann die Könige

 Zu tausend Scherben schlagen." (*)

" Zwey Schwerter werden immer fest

 In seiner Scheide stecken:

Sein Reich wird er von Ost bis West,

 Der Sonne gleich, erstrecken, (**)

Und seine weisen Satzungen

Bis auf den allergeistlichsten

 Artikel — auf die Münzen." (***)

        Mit

(*) Aller dieser Ausdrücke bediente sich Bonifaz VIII. in einer seiner Bullen.

(**) — Super & Garamantas & Indos Proferet Imperium. L. VI. v. 794. seq.

(***) In seiner Bulle: Ausculta fili! machte Bonifaz VIII. Philipp dem Schönen, König in Frankreich, bittere Vorwürfe über die Veränderung der Münzen, die derselbe in seinem Reiche vornahm.

"Mit ihm beginnt der Christenheit
　　Das goldne Jubiläum: (*)
Da läuft denn alles weit und breit
　　Zum römischen Te Deum,
Und singt den Panegyrikus:
　　Heil, Heil dem Bonifacius,
　　　　Qui nihil boni fecit!"

"Und o, wer wird dich ungenannt,
　　O Kossa, präteriren! (**)

　　　　　　　　　　Du

(*) — — aurea condet
　Saecula. — —　　　L. VI. v. 792. seq
Er war auch der Urheber des Jubiläums.
(**) Quis — tacitum te Cosse relinquat?
　　　　　　　　　L. VI. v. 841.
Johann XXIII. hieß mit seinem Geburtsna=
men Cossa.
　　　M

Du wirst zu Wasser und zu Land
    Als ein Korsar regieren: (*)
Und wenn du, hocherlauchter Fürst,
Einst dieses Handwerks müde wirst,
    Wirst du ein Reitknecht werden." (**)

"Der dort, ein zweyter Julius,
    Wird Cäsarn imitiren, (***)

Und

(*) Hujus in adventu jam nunc & Caspia regna,
    Et septem gemini turbant trepida ostia Nili.
                  L. VI. v. 798. seq.

(**) Er war in seinen jüngeren Jahren ein Seeräuber, und als ihn das Koncilium zu Konstanz abzusetzen im Begriff war, entfloh er, als ein Reitknecht verkleidet, aus Kostanz.

(***) — — Hic Cæsar & omnis Juli Progenies. — —   L. VI. v. 789. seq.

Und in Pontificalibus
    Armeen komandiren, (*)
Um zu beweifen, als ein Held:
Sein Reich sey nicht von dieser Welt —
    Subaudi — unterschieben. ".

" Doch der wird mit dem Federkiel
    Weit treflicher handthieren,
Und jedem — der's erobern will —
    Ein schönes Land cediren.
Mit Königen wird er so, wie
Im Schachbrett, und mit Kronen wie
    Mit Haselnüssen spielen. " (**)

(*) Julius II. belagerte Mirandola in eigener Person.
(**) Innocenz III.

" Und dort der finstre stolze Mann
    Wird einst sehr wenig lachen:
Er wird sein Schwert — man sieht ihm's an —
    Zum Henkerschwerte machen: (*)
Das größte Monument, daß je
Die Ehrbegier sich meisselte,
    Wird er sich selbst errichten. " (**)

Hier

(*) — — Sævasque secures
    Accipiet. — — L. VI. v. 819. seq.
Sixtus V. Um sich zu verewigen, ließ er den grossen Obelisk aufstellen, den Caligula aus Spanien nach Rom hatte bringen lassen.
(**) —— utcunque ferent ea facta minores,
Vincet amor — laudumque immensa cupido.
            L. VI. v. 822.

" Hier stehst du endlich einmal den
  Dir oft versprochnen Weisen: (*)
Ihn wird, als den Gesegneten, (**)
  Die späte Nachwelt preisen.
Was einst Voltär ihm dedizirt,
Und die Sorbonne kondemnirt,
  Wird er als Weiser schätzen. "

" Doch sieh! dort kömmt der größte Mann, (***)
  Der, wenn man ihm's vergönnte,
Uns, was Rom Böses je gethan,
  Vergessen machen könnte: (****)

(*) Hic vir, hic est, tibi quem promitti
    saepius audis.   L. VI. v. 791.
(**) Benedikt XIV.
(***) Clemens XIV.
(****) — — Tu maximus ille es,
  Unus, qui — nobis restituis rem.
        L. VI. v. 845. seq.

Er wird den heil'gen Müssiggang,
Der ein Fünftheil der Jahrs verschlang,
 Zum Wohl der Menschen mindern." (*)

" Es wird einst, den Giganten gleich,
 Ein Orden auf sich thürmen,
Der wird, wie sie, das Himmelreich,
 Und Kirch' und Staat bestürmen;
Und dieser mächtige Koloß
Wird, so wie Troja, lang dem Stoß
 Der Fürsten widerstehen.

Dem

(*) Otia qui rumpet patriae.
L. VI. v. 813.

Dem argen Volke wird er keck
 Dereinst die Hälse brechen, (*)
Und unsere Parvistenböck'
 An ihren Lehrern rächen; (**)
Allein nur zeigen, ach, wird man
Der Welt den edlen theuern Mann,
 Und ihr ihn wieder nehmen." (***)

So ließ er alle Römlinge
 Die Musterung passiren,
Drauf führt' er beyde Reisende
 Zu zwey verschiednen Thüren:

      Die

(*) Eruet ille argos. —   L. VI. v. 838.
(**) Ultus avos — templa & temerata Minervæ.
        L. VI. v. 840.
(***) Ostendent terris hunc tantum fata neque
   ultra
 Esse sinent. — L. VI. v. 869. seq.

Die eine war von Elfenbein,
Die andre von den Hirschgeweih'n
    Zweybeiniger Zehnender. (*)

Durch diese konnte nun getrost
    Der Held nach Hause gehen.
Er ließ vom nächsten Ost=Süd=Ost
    Sich nach Kajeta wehen.
Dort, lieber Leser, mag er denn
So lang, bis wir ihn wieder sehn,
    Gemach vor Anker liegen.

(*) — — quarum altera fertur
   Cornea. — —   L. VI. v. 893. seq.

www.ingramcontent.com/pod-product-compliance
Lightning Source LLC
Chambersburg PA
CBHW031417230426
43668CB00007B/334